田中角栄流
「生き抜くための智恵」
全伝授

小林吉弥
Kobayashi Kichiya

KKロングセラーズ

人間関係は「心理戦争」で成り立つ――まえがきに代えて

今日、社会はまったくの視界不良、閉塞感に満ち満ちている。時代を背負うべき若者にも、すがるべき夢のカケラすら見当たらない。衰退一途も予感させるこの国の行方を窺えば、指導力なき爲政者の責任はいかにも重いと言わざるを得ない。困ったものである。

そうした中で、この国にはかつて田中角栄という傑出した政治リーダーがいた。今年で没して19年目になるが、「日本の政治リーダー人気投票」など各種世論調査では今なお圧倒的な支持を得ている。不動の「昭和のカリスマ」として、定着しているといっていいのである。

その田中は政界入りするや若くして道路三法や公営住宅法等々の議員立法を次々に成立させ、戦後復興と経済発展のグランドデザインを描いてみせた。さらに、首相の座に就くや、ただちに日本列島改造計画を発表、都市に集中した工業を地方に再配置し、新幹線、高速道路、情報通信網を全国的に整備することで都市と農村、「表日本」と「裏日本」の格差是正、均衡ある国づくりを目指したのだった。こうした格差は明治維新以降、拡大の一途をたどっていたが、その是正に田中という政治家が初めてチャレンジしたということだった。ひるがえって今の政治は、田中が描いたこうした日本列島改造計画をなぞっているだけに過ぎないように見える。田中の政治的能力に比肩出来る政治家は、今、残念ながら皆無といって異論はないだろう。

さて、田中にはこうした卓越な政治的能力を保持する一方で、稀代の「人間学」の達人であったことを知っておく必要がある。

学歴は家が貧しかったため頭脳明晰ながら高等小学校卒までだったが、政界入りまではそれこそ血みどろ汗みどろで社会にもまれ、結果、教科書では学べない「実学」を学び取った。「実学」は知識の吸収の一方で、人間関係の機微をもまた知るということである。結果、田中は、人間関係とはすべからく「心理戦争」で成立っており、どこを押せば突けば人は身を乗り出し、時にまた人は引いてしまうのかを熟知したということであった。それは同時に、自身の「生き抜くための知恵」の大なる習得ということだった。そしてそれが、やがて政界入り後の巧み巧まざるの強力な人心収攬術となり、広大無比の田中人脈に結びついていくのである。この人脈がまた、政治家としての田中の雄大な政策推進を可能にしていったということでもあった。

そうした意味で、田中が残した生涯の数々の言行による遺訓は、ビジネスマンはじめ社会人の誰もが知っていて損のない知恵の集積であることを知る。今の難しい時代だからこそ、そうした田中の知恵を借りてもいいのではと、そのあたりを整理してみたのが小書ということである。

もとより、読者諸賢にとっては、毀誉褒貶《きよほうへん》少なくなかった田中の「政治」には様々な見方、思いがあるだろう。当然である。しかし、ここでの小書はそうした「政治」の功罪を問うのが目的ではない。要は、「人間学」のこれはと思ったところは盗み、取り入れ、不要なものは捨てる、また時に他山の石、反面教師として欲しいということである。それが「歴史から学ぶ」ということであり、筆者の願いでもある。少しでもお役に立ったということになれば、筆者としても幸せである。

なお、参考とした資料・文献等は巻末に一覧明記、とくに引用した部分については本文中で出典を明らかにしてある。また、文中の敬称はすべて謝して略させて頂いたことをお断りするものである。

平成24年1月

小林吉弥《こばやしきちや》

目次

第一章 不動のリーダーシップを教える……17の鉄則

第二章 人生を転換するヒント……12の心得

第三章 人に好かれる・人が動く……16の極意

第四章　傑作選・田中角栄ちょっといい話

第一章　不動のリーダーシップを教える……17の鉄則

①

「民主主義社会だからこその強いリーダーシップ」が不可欠。独裁社会なら体制派のミコシに乗っていれば事済む。

『君主論』の正鵠《せいこく》

田中角栄《たなかかくえい》が、最も信頼した政治家のひとりに後藤田正晴《ごとうだまさはる》元副総理がいた。

後藤田は「歴代最高の危機管理のプロ」として政府関係者の圧倒的多くが認めた人物であった。警察庁長官を退官した直後、田中の懇請を受けて内閣官房副長官に就任した。人を見る目に狂いなし、炯眼で鳴った田中は一朝事あって決して動ぜず、情報収集とその解析能力の卓抜さを買ってあえて後藤田を自らの政権に取り込んだということだった。

圧倒的権勢を誇った田中内閣当時、もとより田中に意見具申をする者など1人としていなかったが、後藤田だけは臆することなく「それは違う」「筋が間違っている」と直言した。自信満々、他人の言うことなど滅多に聞かなかった田中は、そうした後藤田の忠告だけは「そうか」「分かった」など聞く耳を持つのだった。

その田中内閣の後も、後藤田はとりわけ中曽根康弘内閣では官房長官など要職でこれを支え、ひとつ対応を誤れば戦争にも巻き込まれかねなかった大韓航空機襲撃事件を沈着、冷静に処理してみせるなど、中曽根首相を佐藤栄作、吉田茂、小泉純一郎に次ぐ戦後4番目の約5年の長期政権に導くなどの功労を発揮している。

そうした後藤田は、一方で政府の表舞台で派手に振る舞うことをよしとせず、一貫して「名参謀」「名補佐役」「名黒子」としての立ち位置を守った人物でもあった。当時は自民党政権時代だったが、党の諸々の会合でも後藤田が一席ブツとそれまでの議論百出が止み、「お説ごもっとも」の空気に一変した。また、時に各省庁の次官、局長などは後藤田から電話が入ると、どこの不備を指摘されるのかで誰もがフルエあがった。そのくらい後藤田の一言隻句、一挙手一投足には圧倒的重みがあったのだった。

また、その後藤田には、少なくとも田中派全盛時、自民党の宮沢喜一政権が総選挙で敗北した直後の連立政権構想の中で、そして当時、社会党委員長だった村山富市を「自社さ」3党連立政権として担ぐ過程を含めての都合3度、首相の座に就くチャンスもあった。いずれもその政治的能力の高さを評価され、「是非」という話が持ち込まれたということだった。

しかし、こうした声に対し、後藤田は「総理にはおのずと〝格〟というものがある。床の間の前に坐っておさまる者と、そうでない者がいる。私は似合わない。その器にあらずということだ」と口にし、3度の要請にピクリとも乗ることはなかったのである。

その後藤田は民主主義社会の中でのリーダーシップを、とりわけトップリーダーのそれについて、崩壊前のソ連（現・ロシア）と日本のそれを比較した形で、次のように言っている。

「民主主義社会であればあるほど、僕は本当の意味でのリーダーシップが求められると思っている。これが独裁社会であれば、独裁政治なりの体制に支えられて、案外、さほどリーダーシップがなくても組織の維持は図れる。対して、民主主義社会というのは、てんでんばらばらだ。それを統括して、しかも危機に臨んで迅速《じんそく》な手を打たなければならん。だから、ソ連みたいな国と日本と、リーダーシップの発揮の仕方はどちらが難しいかと言えば、当然、日本のほうということになる。僕は、そう思っている。真のリーダーシップが発揮されなければ、民主主義の制度なんて成り立たんということだ」（『中央公論』平成元年2月号）

この後藤田の考え方は、なにも政治の世界だけに限るものではない。企業などあらゆる組織のトップリーダーにも、共通するということである。すなわち、大企業のようにすでに組織がガッチリ構築されている場合は、リーダーはそのレールの上に乗っていればある程度、事済む。あえて強いリーダーシップを発揮すれば、逆に組織に動揺が走りかねない。

対して、中小・零細企業のように身のまわりからすぐあらゆる意見が届くといった組織では、リーダーが「ハイ、ハイ」とレールに乗っていることだけでは組織そのものがバラバラになってしまう。ために、積極的に意見を取りまとめ、強いリーダーシップを発揮することこそ不可欠としている。

こうしたことは、『君主論』などで知られる16世紀ルネサンス時代のイタリアの政治思想家・マキアヴェッリの言説にも見られる。後藤田はまた、このマキアヴェッリのリーダーシップ論を大いに支持していた。

『君主論』には、例えばこうある。

「君主にとっての最大の悪徳は、憎しみを買うことと軽蔑されることである」

「頭にしかと入れておかなければならないのは、新しい秩序を打ち立てるということくらい難しい事業はないということである。なぜなら、実行者は現体制で甘い汁を吸っていた人々すべてを敵に回すだけでなく、新体制になれば得をするであろう人々からも生ぬるい支持しか期待できないものだからである。この生ぬるさは、2つの原因から生まれる。1つは現体制を謳歌《おうか》している人生に対する恐怖感、2つは異例の新しきことへの不信感によるもの」

「私は断言してもよいが、中立を保つことはあまり有効な選択ではないと思っている。とくに、仮想にしろ現実にしろ敵が存在し、その敵よりも（リーダーが）弱体である場合は、効果がないどころか有害となる。中立でいればというと、こちらも勝者にとっては敵になるだけでなく、敗者にとっても助けてくれなかったということで敵視されるのがオチになる」

かく、現在の日本の民主主義社会では、むしろ強いリーダーシップが要求されることを知っておきたい。

もっとも、例えば政治の世界で言えば、小泉純一郎《こいずみじゅんいちろう》元首相のようなアジテイター的リーダーでいいのかとなると話は別だ。結果的に見ると、「小泉後」の自民党は党内に遠心力が働き、腑抜けのようになってしまった。やがて民主党に政権交代を許し、いまや何を目指す政党かも分からなくなったテイタラクを露呈している。ここでは、適度なバランス感覚が指摘されるということである。

適度なバランス感覚と、強いリーダーシップ。これが民主主義社会ゆえの、入り口としての「リーダーの条件」となる。

②

田中角栄は30年前にすでに今日の「借金大国日本」を見通していた！

「先見力」なきリーダーはあり得ない。

ネット社会到来も予言

先の後藤田正晴には、筆者はインタビューなど5、6回ほどお目にかかる機会を得ている。田中角栄自身のリーダーシップをどう見るか、これを問うたことがあった。後藤田の答えは次のようなものであった。

「リーダーシップに不可欠は、僕は大きく先見力、構想力、決断力、実行力の4要素だと思っている。もとより、田中さんはこれを備えていたが、とりわけ敬服したのは先見力だった。10年、20年後、何がどうなっているかが的確に読めていた。その洞察力は、僕など足元にも及ばなかった。戦後の歴代総理・総裁に比べても、すべからくケタが違っていた」

田中の恐るべき先見力を、彼の伝説的な演説「角栄節」の中から拾い出してみよう。

田中は最大時141人だった自民党田中派の中で、当選5回以下の国会議員で構成する「七日会」という政策集団を持っていた。そうした議員たちは年に1回、温泉地などで泊り込みの研修会を開き、その最終日に田中が講師として熱弁をふるうのが常だった。以下は、その際の演説からの恐るべき先見力の例証である。

昭和59年9月10日のそれには、今日わが国が抱える国債を中心とした1000兆円超（2012年度末予測）といった「借金大国」となることをピタリ予言し、その処方箋も指摘する一方で、ネット社会の到来と新聞などのメディアの衰退をも見事に予言していた。これらをほぼ30年も前に見通していたのだから、なんとも驚嘆の一語に尽きるのである。

「国債はこのままだと、600兆円にも800兆円にもなる。これをどうして払うということを言わないで、日本を担う責任者としての宣言はできない。これ、具体策を5分間で言います。増税なんかしなくたって、国にはいろいろ蓄積がある」

田中は当時100兆円の価値ありとされていた民営化が予定されていた電電公社（現・NTT）は国民の財産であるとし、赤字国債償還の財源となり得るとした。他に、行政改革で非生産的部門の経費を切り詰め、土地税制改革で税収を上げることなど提案したのだった。

そのうえで、「増税はしない。景気をよくして税収を上げる。赤字国債はちゃんと返す。こういうのが政策だ。さあ、竹下これ大変だぞ」と、折から財政再建に苦労する竹下登大蔵大臣のお手並拝見を牽制したものでもあったのである。

また、ネット社会到来の予言については、こうであった。

「光ファイバーになり、宇宙衛星が、放送衛星が上がれば、世界の新聞はボタンひとつで読めるようになる。一体、いまの体制で800万部も売れている日本の都市の新聞が一定存続するのかどうか」

ほぼ30年前にして、世の中は今、田中の言う通りになっている。

一方、昭和56年9月3日のそれでは、日中国交正常化を成し遂げて9年後だったが、田中は当時の首脳会議の内容に言及、中国という国の本質を見抜いたうえで正常化交渉に入ったことを明らかにしたのだった。

「中国というのも共産党だというんですけど、私は周恩来首相に会った時に『私は共産党は好きじゃない。中国は〝便宜的共産主義〟だと思う』、こう言ったんです。メシ食う時に、８億人も10億人もいるものが日本のように自由主義なんて言ったら、どうなるものだかわからん。黄河文明を言うまでもなく、地球上に住む全人類の中で最高の知識階級である中国人が、便宜以外で共産主義者となるはずはない。第一ね、世界中で最も自由な経済論者は誰だ。それは、ユダヤと華僑だった。『(周恩来は）あんた、勉強しておられますね』なんて言ってましたがね」

ちなみに、昨年暮れ、わが国外務省の日中国交正常化交渉に関する外交文書が公開された。そこには、次のような日中間の〝火花〟が散ったやりとりがあったとの記述がある。

中国側は首脳会談などで、しきりに日本の軍国主義の復活を懸念してきた。共同声明に「軍国主義」という言葉を盛れとこだわり続けたのだった。しかし、田中は「〝軍国主義〟をうんぬんして国民の一部を批難することはできない。〝軍国主義〟という言葉を入れるくらいなら帰る」とこれを突っぱね、「(日本の）軍国主義の復活は絶対にない」で押し切ったと――。

結局、共同声明にはこの「軍国主義」は盛り込まれなかった。あれから40年、田中の言葉のように日本の軍国主義復活などは今日まったく見えて来ない。「中国共産主義」の本質を見抜いていたことと合わせ、田中の先見力に改めて脱帽するしかない。

さて、先の後藤田の弁を待たず、「政治家にまず必要なのは先見力だ」と言った一方の人物に、19世紀後半から20世紀初頭にかけて世界の社会学をリードしたドイツのマックス・ウェーバーがいる。

ウェーバーは、『実践理性批判』で知られる18世紀の哲学者インマヌエル・カントと並び称される泰斗である。社会学も哲学も、その各学説は政治や経済の発想の基盤となったものである。ウェーバーは冷徹なリアリズムと精神主義で、政治もまた解析してみせたということだった。すなわち、「政治家の倫理とは結果に対して責任を取ることである」と、〝結果責任〟の重みを問うたということだった。

ちなみに、「政治家にまず必要なのは先見力だ」という先の言葉はもとより政治家にとどめることなく、企業などあらゆる組織のリーダーと置き換えて通用する。結果責任と合わせ、リーダーに不可欠の要素と指摘しているのである。

一口に先見力と言っても、一朝一夕に発揮できるものではないことは言うまでもない。それまでの人生の中で積み重ねてきた知見、経験、努力に、持って生まれた直感力などが合わさり、先が見えて、ようやく、先が読めてくるということになる。夢を見るのとは、違うと知る必要がある。

③

「勝負勘」を養え。「攻め」に入ったとき明暗が出る。

「守り」では勘を捨てるほうが得策

競馬の牝馬《ひんば》のクラッシック3冠レースの1つに、オークスがある。

牛馬商でヤマっ気たっぷりだった父親の血を引いたか、田中角栄もなかなかの競馬好きで、超多忙の幹事長時代でさえ秘書を馬券売り場に走らせてはしばしば的中させていた。

大蔵大臣当時の昭和40年には、持ち馬「ベロナ」(名義上は妻・ハナが馬主)で第26回オークスも制している。ほかにも何頭かの馬を持ち、これは牡馬《ぼば》だったがまだ少女だった愛娘・真紀子《まきこ》(元外相)の名前を冠しての「マキノホープ」で、ダービー制覇を狙ったこともあった。しかし、日経賞での優勝はあったものの、これを果たすことはなかった。「じゃじゃ馬」「男勝り」で鳴る元外相、牡馬にその真紀子の名前を冠したところに元首相の炯眼恐るべしを見るということでもあった⁉

さて、冗談はおくとして、ここで言いたいのはリーダーとしての「勝負勘」ということである。

調教師、馬主が名馬を見抜くのは、よく「馬自体の血統プラス自分自身の勘」によると言われるが、田中が政争において連戦連勝、国会運営や政策課題を落としどころに落としてきた背景にはこの勘の鋭さが排除できない。「勝負勘」の弱いリーダーは二流、一流にはなれないということである。

筆者が政争の中で田中の卓抜した「勝負勘」を見たのは、昭和54年11月からの「自民党40日抗争」の中でであった。

この抗争は、大平《おおひら》（正芳《まさよし》）派・田中（角栄）派連合VS三木《みき》（武夫《たけお》）派・福田（赳夫）派連合の図式で展開した。「三福」両派はときの大平首相を引きずり下ろし、そのバックにいる田中の影響力を削《そ》いでしまおうというのが狙いである。

ときに、大平首相は改造人事に直面していた。大平は沈着で鳴る政治家ではあったが、田中からは「アレは宗教家」などと言われていたように、政治的勘となると二流であった。そこを見抜いている田中は、改造直前に大平にこんな電話を入れたのだった。

「ポイントを外すな。閣僚はともかく、国会重視の人事をとくに心せよ。国対と議連は、絶対に（「三福」に）渡すな。これはオレの長年の勘だ。いい加減なものじゃないぞ」

大平は田中の言に従い、国対委員長に金丸信《かねまるしん》、議連委員長に亀岡高夫《かめおかたかお》を配した。2人はともに、国会運営の裏の裏まで知り抜く田中派内でもトップクラスの策士である。

この田中の「国会重視でいくことだ」の勘は、それから半年後、ズバリ抗争の明暗を分けることにつながった。

社会党が提出した大平内閣不信任決議案に、「三福」両派は同調するしないでやがて右往左往を始めた。可決となって解散・総選挙となれば、「三福」連合はバラバラになると読み切っていた田中の命を受けた金丸、亀岡は、国会運営のカジをあえて不信任案可決に切って勝負に出た。結局「三福」の大勢は不信任案に同調したが、落伍者も多々出、「三福」連合は案の定バラバラにされたのだった。

加えて、その後の衆参同日選挙で自民党は圧勝、「三福」両派の大勢が不信任案に同調したことで「造反」事実が残り、改めてその後の政局は田中の主導を許すことになったのである。

かく、リーダーには「勝負勘」によって物事の展開を読み切らなければならない場面が、随所にあると知りたい。政界の抗争を長く見てきた筆者からすると、とりわけ「攻め」に入ったときは勘のよし悪しが明暗を分けることが多いことを知る。逆に、「守り」を重視するときは勘を前面に出すことはあまり得策でないように見える。社内抗争、商戦など争いごとまた同じだろう。

田中は「守り」に入ると、意外なモロさを見せたのが特徴でもあった。これは、勘に頼るでなく、性格からくる情の脆さ、神経のこまやかさがさせたものと見ている。このあたりの塩梅が、また難しいということではある。

④
その「勝負勘」には「数字と歴史」の裏付けを重視せよ。毛沢東と鄧小平は、これで大衆をリードした。

「事前調査」の不可欠

前項で、「勝負勘」の弱いリーダーは二流、対して政争において連戦連勝、長らく政局の主導権を握り続けた田中角栄のそれは際立っていたと記した。

しかし、ここで大事なのは田中の「勝負勘」は単なる勘でなく、その勘を作動させた背景に、常に「数字と歴史」の裏付けがあったことを知る必要がある。ここでの

「数字」とは、過去の統計を指す。要は、常に「事前調査」があったということである。

田中は若いころの土建会社の経営成功の秘訣《ひけつ》を振り返って、こんな言葉を残している。

「商売でもそうだが、取引先の事前調査もできていなくてうまくいくわけがない。オヤジは頑固者で女好きだが、困った人間には本当に必要なカネは貸してやった男だった。それもかなわんときは、物を引き取ってやるような男だった。息子は大学は出ているが少し甘い、しかし、オヤジ思いだ。それくらいのことを知らんで、相手と取引なんてうまくやれるわけがない。経験だけで物を言い、取引を成功させることばかりに頭がいっているからうまくいかない。取引相手の〝歴史〟くらいは、事前に調査しておけ。オレは政治家になってからは、さらに〝数字〟をことさら重視した」

ために後年、田中は初めて選挙に出る者には、必ず選挙区における「事前調査」をまずやれと教えた。

田舎の寺や神社の縁起《えんぎ》などを知れば、その選挙区の風土、住民が何を寄りどころに生きているかが分かる。「歴史」である。そのうえで、「胸をそらせて鼻を空に向け、分かったような政治論をブッてても投票所で誰がお前の名前なんか書いてくれるものか」とも叱咤したのだった。

こうしたことを地道に実行した田中派からの新人候補は次々と当選を果たし、派閥も必然的にふくれ上がったということだった。

「数字」についても、同じである。ここでの「数字」とは、過去の「統計」である。今日のように世論調査がはやるはるか前に、田中はポケットマネーをつぎ込んで独自のキメの細かい「調査ネットワーク」をつくっていた。そのころ、そういう政治家は皆無《かいむ》に近かった。田中の先見力の凄さは、こういうところにも見られる。

自民党幹事長時代、終盤戦で自民党候補が大差をつけて優勢との選挙責任者の読みに待ったをかけたというエピソードは、今でも好例として語り草になっている。「バカを言っているんじゃない。オレの調査では、たった5千票の差しかないぞ。投票まであと5日、よほど気合を入れないとひっくり返される」とハッパをかけたのである。

ハッパをかけられたのは、のちに首相になる滋賀県連会長の宇野宗佑だった。投開票日、フタを開けると自民党候補18万票、対立候補は17万5千票、ドンピシャリ田中の言う通りの結果になった。宇野は田中の炯眼《けいがん》に、腰を抜かしたのだった。

そのほかにも、田中の「事前調査」の厳しさ、凄さについては、昭和53年11月の大平正芳と福田赳夫が争った自民党総裁予備選挙の結果を、早々に「大平の逆転勝ち」と打ち出し、予備選挙開票前にその行方を注目する中国の鄧小平《とうしょうへい》副主席（当時）に、すでに「大平首相となる」と伝えていたというエピソードとしても残っている。

交渉上手で鳴る中国共産党の歴代リーダー、例えばその鄧小平は「実事求是《じつじきゅうぜ》」という言葉をよく使い、毛沢東《もうたくとう》また「調査なくして発言権なし」を常に力説していた。これに重きを置き、ともに大衆をリードしていったのだった。説得力への重みが違うということである。

もとより、敵を知り相手を知らねば〝勝つこと〟は難しい。勘と経験だけに頼り、「数字と歴史」の裏付けを欠いた戦略での戦いほど危なっかしいことはないと知りたい。ビジネスまた、言うまでもないのである。

⑤ 「レーニンと田中の共通項」を学べ。「率先垂範と大衆説得」が基本だ。

問われる現場指揮能力

レーニン。本姓はウリヤノフで、レーニンは筆名である。ソ連（現・ロシア）国家を確立、その後、世界の労働者、農民などの解放運動、プロレタリア革命に多大な影響を与えた社会主義運動史上最大の実践者、指導者にして政治家である。

こうした社会主義運動リーダーとしてのレーニンの手法で、特徴的だったことがある。

兵士、労働者、農民への「大衆説得」の一方で、まず自らが実践、範を見せたということだった。「率先垂範《そっせんすいはん》」ということである。ともなって、現場指揮能力に突出していたということでもあった。大衆の行動心理を読み抜き、どこをどう動かせば効果が上がるかということを熟知していた。これが、「レーニン主義」が成功したバックグラウンドである。

この「レーニン主義」をもって、トロツキーらと組んで社会革命党を組織、プロレタリア革命としての「10月革命」を成功させソビエト国家を確立したということだった。

対して、田中角栄が権力を掌握《しょうあく》するに至った過程は、まさにこの「レーニン主義」の踏襲ということでもあった。

政治家を志す者、新人議員には、常に「選挙民に気のきいた能書きばかりたれているヤツは、モノにならない。まず、言いたいことを自ら実践してみることだ。それが果たせないで、一体誰がついてくる。誰が1票を入れてくれるのか」と苦言を呈し、陣笠《じんがさ》のころの田中自身もともとより自らそれを実行していた。

対して、昭和30年代から40年代にかけて外務大臣、経企庁長官などを歴任した藤山《ふじやま》愛一郎《あいいちろう》という政治家がいた。大日本製糖、日東化学工業など多くの企業を抱えた「藤山コンツェルン」の御曹司《おんぞうし》、2代目である。カネは、うなるほどあった。

しかし、世の泥水など飲んだことはなく、ましてや国会議員の魑魅魍魎《ちみもうりょう》ぶりは耳にはしていたがその深層をのぞいたことはなかった。そのまま政界入りしたのだった。

結果、カネがあることでそれなりのポストはもらえたが、目醒めて天下取りの自民党総裁選挙に出たのがこの人の政治家としての終わりの始まりとなってしまったのだった。

このときの総裁選には、「3選」を狙う池田勇人《いけだはやと》と佐藤栄作《さとうえいさく》、この藤山の3人が出馬した。すさまじい金権選挙となり、藤山も巨額の資金を投入したが結果は最下位であった。資金はうまいことを言ってくる議員たちに、寄ってたかってすべてムシリ取られてしまった。票にはつながらなかったということだった。

この選挙を機に、さすがの藤山も手持ちの資金が底をついた。カネの切れ目が縁の切れ目、藤山派からは次々と人が離れ、ついにはスッカラカンになって政界引退を余儀なくされてしまった。結局、自分の家の井戸と塀《へい》しか残らなかったことで、「井戸塀政治家」と言われたのである。

当時、自民党幹部からは、こんな声があがっていた。

「藤山は結局、お人よしのお坊ちゃんどまりということだった。率先垂範、修羅場で動いたことがなく、かつ現場指揮能力が乏《とぼ》しかったことでリーダーの器《うつわ》たり得なかった」と。

「率先垂範」と言えば、昭和50年代後半の「第二臨調」で政府の行政改革を先導、辣腕《らつわん》をふるった経営者としても名を残した土光敏夫《どこうとしお》が、まさにその実践者であった。存亡の危機にあった「東芝」の社長時代には、就任早々からモーレツな率先垂範ぶりを示し、社員からは土光ならぬ「怒光《どこう》」などとカゲ口も出たくらいであった。

「土光が社長になるまで、東芝の取締役たちはプラプラと昼近くに出勤していた。文字通りの〝重役出勤〟。しかし、土光自らは朝7時半に出勤、結局、取締役たちも早朝出勤とならざるを得なくなった。加えて、連日の会議。その席上の発言も、『君たちがしっかりしないで、一般社員はどうなるというのか』『ブッ倒れても家庭を犠牲にしても、幹部としての自覚を持て』とすさまじいものだった。実際に、土光の〝怒声〟に会議中、脳貧血を起こして卒倒した取締役もいる。結果、やがて東芝は再建した。ひるがえって、土光は一般社員にはことのほか優しく接していた。リーダーだか

らこそ、責任ある取締役連中にまず率先垂範を求めたということです」（財界記者）
ちなみに、レーニンには「問題は解決されるためにある」との言葉も残っている。どんな困難も、必ずそれ相応の解決の道があるのだということである。
「レーニン主義」を心したい。上が動かなくて、下がついてくるわけがないことを知るべしである。

⑥

物事は**「3分間が勝負」**と知れ。交渉、説得すべてここで決まる。長話は部下もヘキエキする。

結論から入る

デキる上司は、すべからくが手短《てみじか》、スピーディーに物事を処理するものだということを頭に置いておきたい。交渉事、部下への物言い、すべてを簡潔にまとめ上げ、次の仕事にかかるのである。1つのことに、長くとどまっていない。

1つのことに時間をジックリかけてというタイプは、学者、研究者なら別だが、少なくとも例えば営業などのビジネス社会の上司には向かない。極論すれば、失格である。時間を有効に使わなければならないのがビジネス社会、当然ということだろう。

田中角栄《たなかかくえい》また、例えば長話は大嫌いだった。どんな陳情《ちんじょう》でも平均3分、長くて5分でイエス、ノー、受けられる受けられないの決断を下した。イエスの場合は、その場で意を受けた秘書が当時の大蔵省や建設省幹部などに電話、ただちに予算付けを決定してしまうといった具合だった。一方、どう考えてもムリなものは、「それはオレでもムリだ。もう少し話を練ってからまた来てくれ」と帰してしまうのである。そして、「ハイ、次の方ッ」となる。

こうした毎日、洪水《こうずい》のように200人から400人くらいの団体、個人が押し寄せる朝1時間余の田中邸での陳情の洪水を、次から次へとさばいていったのだった。まさに、「ワカッタの角さん」「決断の田中」の面目躍如の場であった。

長く田中の秘書を務めていた早坂茂三《はやさかしげぞう》(のちに政治評論家)は、かつて筆者のそうした田中の決断ぶりに対する問いに、こう答えてくれたものだった。

「オヤジ（田中）の話というのは、簡潔、平易、明快が特徴だ。筋道が立っていて、村のジイサン、バアサン、ごく普通の青年、企業人など誰もがわかりやすく納得できるようになっている。だから、短時間の結論でノーと言われても、誰もが不満を引きずることがない。田中邸での陳情さばきだけでなく、事務所で政治家、財界人などと会うときも、よほど込み入った話以外はまず3分で済ませている。話に、起承転結などはない。ズバッと、結論から入る。

一度、若い政治家の相談が終わった後に、オヤジに聞いたことがある。『もう少し、ジックリ聞いてやればいいじゃないですか』と。オヤジの言葉は、こうだった。『どんな話でも、ポイントは結局1つだ。そこを見抜ければ物事は3分あれば片付く。あとはムダ話だ。忙しいオレがムダ話をしていられるか』と」

物事をおおむね3分間で処理した田中だったが、この「3分間」という時間あるいは「3」という数字は、おろそかにできない味な数字であることにも注目しておきたい。

例えば、出版物でも「3分間健康法」「3分間でマスターできる説得術」などといった「3分間」を冠したタイトル本は、おおむね読者の興味を引くという傾向がある。筆者もかつて、「3分間スピーチ術」なる本を出し、多くの読者の共感を得た経験がある。「3分間」という簡便さが時代に合っていると言ってしまえばそれまでだが、じつは意味があることを知っておきたい。

こういうことである。かつての公衆電話の都内、同地域内の1通話は3分間であった。2分間でも4分間でもないのである。なぜ3分なのか、電話局に聞いてみるとこんな答えが返ってきたものだった。

「詳しい経緯はわからないが、どうやら人間の会話、コミュニケーションのポイントは3分間ほどにあるということらしい。つまり3分間あれば、大方の用事なら片付くというところから来ているということのようです」

また、「3」という数字は心地よく、使いやすい数字なのだ。人口に膾炙《かいしゃ》した数字、と言っていいのである。たとえ話にも、多い。「3本柱」「3銃士」「3日坊主」……。小渕恵三《おぶちけいぞう》元首相のもとで発行された2千円札はいまやまったく人気がないが、

「3千円札」なら千円札と5千円札のはざまで、あるいは人気が出たかもしれないということである。

いずれにせよ、長話は相手も退屈になる。部下にも、ヘキエキされる。すべからく、「3分間」で物事がさばける上司を目指したい。

⑦
「傾聴力」を養え。「聞き上手」が「話し上手」をつくる。

「相槌《あいづち》」と「リピート」がキメ手になる

竹下登元首相は決していわゆる雄弁家、「話し上手」ということではなかった。むしろ、国会答弁などに立てば「言語明瞭、意味不明」が常。ハッキリ言葉は操《あやつ》っているのだが、聞いているほうはいったいナニを言っていたのかサッパリわからないというのが特徴であった。これは政治家ゆえにヘタに言質《げんち》を取られない、逃げ道を残しておくという独特の「竹下話法」でもあるのだが、ビジネス社会ではとても通用しない〝話法〟であるからやらないほうがいい。

しかし、竹下は一方で抜群の「聞き上手」であったことが重要だ。「傾聴力《けいちょうりょく》」に、優れていたということである。「聞き上手」は自己主張が少ないから、まず人に好かれる。多々益々弁ずのタイプは、あまり好まれないのが一般的だ。コミュニケーションという点からすれば、「聞き上手」と「話し上手」は表裏一体である。その点、竹下は「聞き上手」のテクニックをもって、一方で「話し上手」をも手に入れたということであった。これをもって、竹下は田中角栄に匹敵《ひってき》する強大無比の政界内外の人脈を構築、同時に田中に匹敵するような「闇将軍」ぶりを発揮したということだった。

こうした竹下の知恵者ぶりには田中も舌を巻き、〝近親憎悪〟がやがて警戒感に発展、終生この二人は噛み合うことがなかったと言えたのだった。佐藤《さとう》（栄作《えいさく》）派―田中派と行動をともにしながら、田中は竹下の能力を買いつつも田中派からの総理・総裁候補として最後まで認知しなかった最大の原因はここにこそある。自分の寝首をかくかもしれない能力の持ち主の竹下、田中としてはとても認めることができなかったということである。

さて、その竹下の「聞き上手」は、師匠の佐藤栄作元首相からの薫陶《くんとう》によっている。「人の話をまず聞くことだ。人間は口は1つ、耳は2つ。自分で主張する前に、まず人の話を聞いてやる。聞いてやれば相手はいい気持ちになって帰っていく。これが人間関係をよくするコツだ」

竹下は代議士1年生のとき佐藤から言われたこの言葉を、終生、愚直《ぐちょく》と言えるほど守り続けたのだった。ために、例えば内閣官房副長官、国会対策副委員長といった若い頃のポストでも徹底的に野党に足を運んでは相手の言い分を聞いた。そのうえで、与野党対決法案でも聞くべきところは聞いて譲り、しかし最後は見事に落としどころへ落として見せたのだった。

また、ヒマな時間があればあったで決してこれをムダにせず、一丁上がりの長老議員などのところに出向いてはグチ、ご高説に耳を傾《かたむ》け、「ほう、ほう」などと相槌を打ちながら「老人キラー」ぶりを発揮し、さらに人脈の輪を広げていったということだった。

平成17年の総選挙を機に引退した建設大臣、郵政大臣などを歴任した中山正暉《なかやままさあき》元代議士が、首相時代の竹下についてこんな話をしてくれたことがある。

「仕事の話で首相官邸の総理執務室に行くと、竹下さん、トクイの『ほう、ほう』などと言いながら、もっぱら聞き役に徹している。〝竹下話法〟の凄いのは、こちらが得意になっていることに対し、『ほう、そうか。○○とは大したもんですね』と、相槌を打ちつつその部分を繰り返してくることだった。○○という話のポイントを、リピートしてくる。この人は本当に感心して聞いていてくれているんだと思ってしまう。相手にとって、こんな嬉しいことはない。

もう1つ、話を終えて部屋を出るときの〝竹下流〟の一言がある。『体だけは大事にしてくださいよ』とか、『困ったことがあったら、いつでも相談してください』などと、ポツッと言う。聞いたほうは、何やらホッとする。凄い〝決めゼリフ〟だった」

相手が得意になっている言葉を、オウム返しに繰り返してやる。共感を得たとして、話し手が嬉しくないはずがない。また、先の中山元代議士の言葉にあったように、話が終わった別れ際のシンプルで誠意を感じさせる〝決めゼリフ〟の一言また、この人とまた会いたい、話をしたいと思わせる。まさに、「聞き上手」の極意ということだろう。この竹下に、かの田中が一目置いたのもわかるような気がするということである。

ちなみに、菅直人前首相は、こうした竹下とは真逆だったらしい。人の話より、常に自分の言葉で説得しようという姿勢が目立った。頭の回転はよかった人物だけに、もう少し「傾聴力」に富んでいればと惜しまれる。

最近の有力企業の社員査定ポイントで、最も重視されるのはこの聞く耳を持っているか否《いな》かの「傾聴力」にあることも知っておいたほうがいいだろう。

⑧

「ころし文句」は究極の説得力。その一言は、1時間の説得にも勝る。

ブッシュも悩んだ決めゼリフ

「ころし文句」の1つも使えないような上司は、部下の強い求心力は集められず、部下の上司への印象もきわめて薄いものになることを知っておこう。

この「ころし文句」とは、端的な言葉1つで相手の心をわしづかみにし、気持ちをグッと引き寄せてしまうセリフである。かつて読者諸兄も彼女を口説《くど》く際、「キミに会って運命が狂った」などと、いま考えれば歯の浮くようなセリフを吐いたのではないか。これが、「ころし文句」の典型である。

基本的には相手のものの考え方、あるいは長所に同調したりしてほめることだが、〝1発〟でキメられるかどうかが勝負どころとなる。クドクドやられては、彼女にとって身もフタもないのと同様、「ころし文句」にはならないから要注意だ。

田中角栄は、ある意味でこの「ころし文句」を使う天才であった。「〝気〟で勝負する政治家」とも言われた田中の常日頃の言動は決して思惟的《しいてき》なものでなく、何事も誠心誠意、全力投球という行動原理に基づいたものであった。「ころし文句」もそうしたなかで随所に発揮され、多くの人がシビれたということである。

田中が大蔵大臣のころ、新幹線で当時の社会党の代議士と乗り合わせた。国会では丁々発止《ちょうちょうはっし》、ケンカ腰になることもある相手である。支援の労組幹部と一緒のその代議士を見つけた田中は自らツカツカと席に歩み寄り、こう言ったのだった。

「まいった、まいった。予算委員会では、すっかりキミにうまいところを突かれたなあ。（労組幹部に向かって）彼がもし自民党にいたら、とっくの昔に大臣か党3役くらいはやっている人物だよ」

後日、東京に戻ったこの代議士、このときの話が労組全体に知れわたり、「先生はホントはなかなかの人なんだ」と大いに株を上げたというのである。以後、この代議士は田中に頭が上がらなかった。見事な「ころし文句」ということである。

ひるがえって、最近の政治家は総じてこの「ころし文句」の使い方が下手だが、スピーチ達者として鳴る田中の娘・田中真紀子《たなかまきこ》元外相は父親の血を引いているだけに、このあたりはさすがにうまい。

演説や挨拶でも、例えば「同じ人間として、皆さんと一緒にここに生きている。だから心を1つにして日本をよくしたいんですッ」などとその場の雰囲気を読んでは、一気に聞き手の心を取り込んでしまうのである。

かつて筆者が若かったころ、こうした意味でギクリとさせられたのがやはり先の竹下登《たけしたのぼる》元首相であった。

取材で訪れると、「いやぁ、小林さん、久しぶり。お目にかかりたかったですよ」と切り出された。若造の取材など大して重きを置いていないのに、なるほど「気配りの竹下」であった。若造としては、悪い気の起こるハズがない。ご機嫌を損ねる記事は、どうしても書きにくくなる。見事な「ころし文句」であった。

かく、「ころし文句」は、究極の説得力と言っていい。たった一言が、1時間の説得にも勝ることを知りたい。

平成17年の米大統領選挙では、盛んに「サウンド・バイト」という言葉が取りざたされた。まずの第一声、10秒ほどでまず聴衆の心をつかんでしまう「決めゼリフ」すなわち「ころし文句」のことで、ブッシュもライバルのケリーもこの言葉1つに大いに頭を使った。

こうした「ころし文句」が使えるかどうかで、相手に与える印象は天と地ほども異る。もとより、交渉事の成否も握る。「ころし文句」の1つも出ないようでは、上司も部下も将来はあまり明るくないと知りたい。出るか出ないか、その人物の来し方がまた問われるということでもある。多く、イバラの多い実体験の中から生まれる言葉だからである。ルンルンの生活の中からは、なかなか生まれて来ない。苦労は買ってでもせよ、のゆえんだ。

⑨

内閣はできた時に最も力がある。会社の社長も同じ。力のあるうちにスピード感をもって大きな仕事をやるべき。熟慮もヘチマもあるものか。

仕事をすれば批判があって当然

昭和47年7月7日、「決断と実行」をスローガンに第一次田中内閣が発足した。その日の初閣議の後、早くも田中角栄は首相談話として「外交については、中華人民共和国との国交正常化を急ぎ……」と言明した。さらにその夜のうちに外務大臣に就任した大平正芳、外務省の橋本恕中国課長を赤坂の料亭に招き、「ただちに正常化交渉を進める作業に入ってもらいたい」と督励、なんとも素早い立ち上がりを示したのだった。

また、一方で田中は公明党とのパイプを生かして竹入義勝委員長と会談した。竹入はその田中の意を受けて「特使」として7月25日に北京入り、周恩来首相と会談して国交正常化への地ならしをしている。さらには、自民党内の国交正常化反対派に根回しする一方、自らは8月31日にハワイ・ホノルルに飛んでニクソン大統領と日米首脳会談をやり、日中国交正常化へ正式な米側の「了解」も取り付けるという具合だった。大仕事を成す場合の巧みな戦略が、スピード感の中で作動したということだった。

そうした中で田中自身は9月25日訪中、周首相との4回の首脳会談を経て29日に日中共同声明に署名したことで、ここに日中の国交正常化が実現した。その後、大平外相が記者会見「旧条約である日華平和条約の終結」を宣言した。そして、今年で「日中国交正常化40周年」を迎えることになったということである。

この間、内閣の発足からわずか3カ月足らずのこの早ワザ、まさに田中自身が口にしていた「内閣はできた時に最も力がある」の実践だったのである。

当時、田中に近い政治部記者は次のように言っていた。

「田中という男は、首相になる前にも就いたポスト、ポストですぐ仕事に取りかかった。黙って腕を組んでいる時間はなかった。自民党都市政策調査会長という閑職に就くや、のちの日本列島改造計画のもととなる都市政策大綱づくりをやっている。通産大臣になれば日米間の長年の懸案だった繊維交渉に着手、それまでの通産省が何もできなかったのを一気に解決に導いていった。首相になっても同じで、内閣も時間が経てば経つほどあちこちから注文がつくし、そうした難しい注文の出始める前に仕事をしてしまうということだった。

田中は国交正常化を果たした翌年、こう言っていた。『待てば回路の日和だ？　何をバカなことを言っている。世の中、僥倖《ぎょうこう》なんて降っては来ない。すぐに事に手をつけられないようでは、お前、20年、政治家として何をやっていたのかとなる。会社の社長だって同じだ。社長になったら、できるだけ早く大きな仕事をやるべき。熟慮もヘチマもあるものか。鉄は熱いうちに打て。モタモタしていたら動きたくても動けなくなるぞ』と」

そうしたうえで、田中は次のような名言も残している。

「上に立つ者が仕事をすれば、批判、反対の声があって当然。何もやらなければ、叱る声も出ない。私の人気が悪くなってきたら、ああ田中は仕事をしているんだと、まぁこう思っていただきたいものだ」

例えば、新たなポストについた人物が、積極的に仕事にチャレンジしたとする。うまくいけば拍手となるが、失敗すれば冷ややかな目にさらされる。チャレンジには、当然リスクがともなう。逆に、無策、何もしなかったらどうか。適当に、お茶を濁すというヤツである。しばらくは新ポストの〝ご祝儀《しゅうぎ》〟、周囲からの叱責《しっせき》の声は届かない。失敗もないのだから、その間は叩かれることはない。しかし、時間がたつと情勢は一変する。

「何の発想、構想力もない男」のカゲ口が出る。また、一方で常に御身大切、リスクのともなうことには手を出さぬ責任回避の体質も見抜かれるようになる。責任を回避する上司はあり得ないと知るべしである。

田中はブッたたかれながらも、陣笠《じんがさ》議員のころから道路三法、公営住宅法など戦後日本再建のための法律整備に命をかけた。その後の首相になってからの批判もともないながらも過疎《かそ》解消、格差是正《ぜせい》をむねとした日本列島改造計画に突き進んだ。田中がこの改造計画を持ち出さなかったら、今日の日本経済の進展もどれほどテンポが落ちていたかということである。政治は、プラス・マイナスの差し引きで評価される。まさに、「仕事をすれば批判があって当然」ということである。

そうした中で、田中はその政治生活の中で、自ら提案、成立させた議員立法はじつに33本に及んだ。在職中、たった1本の議員立法さえ提案しなかった議員は山ほどいる。議員立法は各省庁を押さえ込み、党内の異論を説得し、自ら国会答弁に耐えられるだけの政治的能力がなければできない立法手段である。振り返って、戦後政治家で田中ほどこの議員立法にチャレンジした政治家は1人としていない。飛び抜けている。最近の政治家は口だけが達者で、ろくな政治活動をやっているのがなんとも多いのである。

「行為する者にとって、行為せざる者は最も過酷な批判者である」、とのことわざもある。「最も過酷な批判者」に目をつぶり、邁進《まいしん》できる者だけが上司の有資格者だとも、田中は言っているようである。心せよ上司、事なかれ主義が一番いけない。

⑩

部下に仕事をしてもらうには「**上司3要諦**」がある。『論語』も教えている。

「下問《かもん》を恥じず」の精神

「官僚に理解して仕事をしてもらうには、3つの要素がある。こちら（政治家）に相手（官僚）を説得する能力があるか。仕事の話にこちらの私心、野心といったものがないかどうか。相手が納得するまで徹底的な議論をやる勇気、努力があるか否かだ」

「官僚使いの名人」と言われた田中角栄、これが部下である官僚に仕事をしてもらう秘訣《ひけつ》であった。

田中は官僚をよく「コンピューター」とも呼び、その能力を高く評価していた。現行法を前提に、その枠内で考え行動させれば抜群の能力を発揮するからである。

対して、時代の変化に対応する法運用などとなると、こちらのほうはなかなか融通《ゆうずう》が利かない。加えて、プライドは人一倍高く、責任を取らされることを嫌う。扱いは、なかなか難しいのが官僚である。

しかし、田中は冒頭にある「3要諦《ようてい》」を駆使《くし》して、じつにうまく使いこなしたことで知られている。「田中は官僚をカネやポストで蹂躙した」などはあくまで一側面、田中という政治家の本質をまるでわかっていない人の見方と言っていい。だいたい、官僚はそれほどバカではない。

さて、この田中によるその官僚駆使の秘訣は、ビジネス社会でもそっくりそのまま部下に仕事をしてもらうための要諦であることを知っておきたい。政治家を上司、官僚を部下と置き換えるとピタッとはまるのである。

それでは、田中のそれを採用すると上司の「3要諦」とはどういうことになるのか。

1つは、上司には部下の異論を説得するだけの能力が不可欠ということである。最近の〝新人類社員〟の中には、ときとして新しい発想豊かな勉強家もいる。説得力もなく大声で退けるだけでは、その場は切り抜けても部下には潜在的な不満が残る。結局、その上司のもと一枚岩の求心力で仕事を前に進めることは難しいとなるから、これは要注意ということである。

2つは、上司の方針は自分のためでなく、部下にあくまで会社全体のための方針であることを理解してもらう努力が求められる。

3つは、上司は部下が十分に納得するまで議論から逃げてはいけないということである。議論を詰めれば、無能な上司は必ずボロを出す。これでは、部下が情熱を持って仕事をしてくれるわけがない。

もっとも、上司にも自負がある。「部下の言っていることは、オレも通ってきた道。ある程度、聞く耳を持っていれば十分ではないか。なぜ、いまさら下の者と徹底議論しなきゃいけないのか」となる。ところが、田中は「それがダメなんだ。あくまで対峙《たいじ》することが大事」としている。このことは、『論語』にもいわく「下問を恥じず」ということにも通じる。自分より下の者にものを聞き、教えられることを恥ずかしいと思うなということである。田中の官僚と向き合う姿勢は、まさにそれであった。そのうえで、存分に仕事をさせたということだった。

例えば、いまの民主党政権の幹部たちは、揃ってこうした「上司3要諦」が欠けている。だから、中堅・若手議員も十分に動けず、結局、党内バラバラから脱せられないでいるということになる。

⑪ 名上司とは、部下をどう「叱る」「ほめる」かに尽きる。**「叱る技術」**があれば、部下は必ず目を覚ます。

必須ポイントと絶対タブー

名上司とは、いったいどういう人物を指すのだろうか。経験の浅い部下を督励《とくれい》、業績アップにつなげる役回り、これは言うまでもない。

それでは、部下への督励とは何を指すのか。上手に「叱る」「ほめる」ということになる。突き詰めれば、名上司とは自ら仕事で実績を示す一方、部下をどう上手に叱れるか、ほめられるかに尽きる。二宮尊徳《にのみやそんとく》の教訓歌にもいわく、「可愛くば5つ数えて3つほめ、2つ叱って良き人とせよ」とある。時代は変わっても、人を育てる急所は、上手に「叱る」「ほめる」に集約されるということである。

しかし、近ごろは父親が上手に子供を叱れないように、上手に部下を叱れない上司が増えている。最近の若者は、何をするかわからない、月夜の晩ばかりではないという恐怖心が1つ、あとはまあ自分のことだけ考えていればいいだろうという利己主義による。最近の政治家また同様で、上司としての権威がなくなってきたからか、ベテラン議員が若手議員を叱って育てるという形が少なくなっている。ひと昔前は、若手政治家も叱られて育ったものである。

さて、この「叱る」、実際にはなかなか難しい。

もとより、「怒る」ということではない。「怒る」は、私憤的な色彩が強い。「叱る」は、「教える」という意味合いが強い。単に「怒る」では、部下はヤル気をなくすが、「叱る」となれば、〝教えられたこと〟によりヤル気も出す。その意味では、「叱る」と「ほめる」とは同義語とも言える。

田中角栄の場合、どうだったか。「ワカッタの角さん」と言われたようにどちらかというと気が短く、かつサッパリ型、超多忙の人でもあったため、田中派の若手などには「そんなことがわからんのかッ」といった具合、多くは一言〝言い置く〟という形が多かった。「叱る」も「怒る」もヘチマもなく、若手はただ田中の存在感の大きさの前にヒレ伏していたという感じだった。

一方、経済界の「叱り方名人」のひとりに松下電器産業（現・パナソニック）創業者の松下幸之助がいた。本社幹部から関連企業の社長クラスまで、その逆鱗《げきりん》に触れなかった者は皆無《かいむ》とされている。こちらは、青筋を立てて一喝するのが常であった。

「お前はいつから偉《えろ》うなったッ。大将はオレや」「本心でそう思っているのか。今日から番頭！」「月給泥棒がッ」「辞表を持ってきたらどうや」。果ては、「刑務所へ行け」という〝名文句〟もある。叱られている最中に、気を失って倒れた幹部もいたのだった。

「しかし、叱った翌朝、幸之助は必ず本人に直々《じきじき》の電話を入れていた。『どうや、今日は気持ちよく仕事をやっているか』と。これで『昨日の続きか……』とビクついていた部下もホッと一息、『オレは御大から切られたわけではないんだ』と、気持ちを入れ替えて励んでいた」（松下幸之助と親しかった財界記者）

松下のエライところは、叱った後のフォローの巧《たく》みさである。フォローということに自信があったら、これは大いに叱れである。田中並みの存在感がないなら、せめて上司はこうした「叱る技術」を学べである。それをもって、部下には大いに業績アップに汗をかいてもらうことが大事だろう。

一方「叱る」は「怒る」でなく、「教える」という意味合いがあると記した。この「教える」とは、「ほめる」という意味合いもあるということも重要だ。もとより、怒って突き放すだけでは、部下は決して目を覚ましてくれない。そのためには、「叱る技術」がいるということになる。部下との間にしこりを残さない、恨まれない技術ということでもある。「叱り上手」になるためには、最低限の必須ポイントと絶対タブーがあることも知っておきたい。

最低限押さえておきたい必須ポイントとは、相手の性格の欠点を指摘してはいけない、叱るときは明るく叱れ、そして松下幸之助のように巧みなフォローを忘れるな、の3点である。

「お前は気が小さいから困る」「暗くて損をしているぞ」とやれば、部下は一番表に出してほしくない、痛いところを突かれたの思いを持つ。人格の否定である。反して、これを「もう少し元気を出してみれば、お得意さんの評価はグンと上がるぞ。そうなりゃ、オレも嬉しい」とでも言い換えれば、部下の受け取り方はまったく違う。言い回し1つでガックリもし、やる気も持つのが部下ということである。

また、明るく叱れ、フォローを忘れるなということも、きわめて重要である。暗い顔、重々しい口調で叱り、フォローなく突き放してしまえば、部下は相当、深刻に受け取ってしまう。これで上司と部下の縁を切るわけではないのだから、次につながる「叱る」でなければならないのは言うまでもないということである。

例えば、田中角栄は選挙が近づくと全選挙区をつぶさに分析、かんばしくない配下の田中派若手、新人の候補によくこう一喝していた。「お前、相手の出方、気持ちを見抜けないで選挙に勝てると思っているのか。甘く見るな。初めからやり直せッ」。戦術、戦略の見直しを求めたのである。結果、選挙戦に入るとそれまでの劣勢を挽回、勝ち上がってくる者が続出したのだった。

当選を果たしたこうした若手、新人は、選挙前の一喝にビクビクしながら田中のもとに挨拶《あいさつ》に来る。田中はそんな相手の手をギュッと握りながら、破顔一笑、こう言うのである。

「お前、ナカナカだな。オレの見込んだ男だけのことはある。これからは勉強だ。やがての大臣は間違いないぞ」

なんとも明るく、わだかまりのない上司と部下の関係が浮かび上がる。以後、こうした若手、新人が有能な部下として、絶対権力者の田中の手足として獅子奮迅《ししふんじん》の働きをした。だから、田中派は常に一枚岩の強さを発揮、他派を寄せつけなかったということだった。田中の人使いのうまさの〝勝利〟ということでもあったのである。

これをビジネス社会の上司になぞらえれば、「よしっ、小言はこれで終わりだ」、多少のウソ、話をふくらましてもかまわない、あとは自分の若いころの失敗談の1つも笑って聞かせてやれるようならナカナカの上司ということになる。

一方、口に出せばたちどころに部下がやる気をなくす絶対タブーも知っておきたい。「ほかの奴にやらせればよかった」「そんなことを言うのは10年早い」「（会社を）辞めたらどうだ」の3つの言葉である。

こうした言い方をすれば、部下の反発心は、それぞれたちどころにこうなる。「アンタの人を選ぶ目がなかっただけじゃないの。自分の責任回避をするなよ」「エラソーなことを言うけど、アンタは同期の中で出世はビリのほうじゃないか。オレなら5年で追いついてみせるさ」「なんで、オレが会社を辞めなきゃいけないんだ。アンタに雇《やと》われたわけじゃない。そんな権限があるのか」。実際に、「辞めたらどうだ」と口走ったために組合問題になったり、配置転換をして裁判沙汰《ざた》にまで発展した例もあるから要注意ということでもある。

こうした絶対タブーの3つの言葉に共通するのは、言葉の裏に部下を突き放した「命令」姿勢があることにほかならない。命令は、あくまでギリギリ最後の手段と心得たい。言葉を選べ、である。上司の言葉1つで、部下は〝殺された〟気持ちになる。やる気をなくすことは言うまでもない。意見をするときは、常に「部下とは対等」くらいの気持ちでかからないと、とくに親の命令さえ聞かぬいまの若者は聞く耳を持たないことを知っておきたい。

ただし、こうしたタブー語を使える一部の上司というものはいる。仕事ぶりが頭抜《ずぬ》けている、人物として周囲の敬愛を一身に集めている、といったようなある種カリスマ性を持っている上司である。一言発すれば、どんな言葉も金科玉条《きんかぎょくじょう》として受けとめられるのである。例えば、田中や前出の松下のような人物がそれにあてはまる。

その田中は、こうも言っている。

「オレは性格もあるが、若い奴にネチネチとやるのは大嫌いだ。叱るときでも、次の人に会ったときはもう忘れている。ションベンに行ってきたら、忘れている。水に流してしまうということだ。これが一番いい」

⑫

部下に**「抜け道」**を教えられるか。そこまでできて一流の上司、できなければタダの人。

「獣道（けものみち）」もある

仕事で行きづまった、私生活でニッチもサッチもいかなくなった、しかし自分1人ではもはやお手上げだ、こんなせっぱつまった状態の部下を前にして、上司、さて何ができるかである。物事の「抜け道」を、教えてやれるかということである。

ここでの「抜け道」とは、「獣道《けものみち》」を教えるということになる。山や森で、サル、シカ、イノシシなどの動物が通ることで自然につけられた道を指す。人が山中で迷ったら、この「獣道」を見つけられれば幸いということである。動物たちはこの道をたどり、餌《えさ》を求めて人里に出る。人はこの「獣道」を下っていけば、助かるということになる。

かつての松本清張《まつもとせいちょう》のミステリー小説に、『けものみち』という名作があった。若い女性が、閉鎖された夫婦関係の中から政財界の暗部に忍び入り、ギリギリの生き方の中で自らの人生の欲望を満足させようと「抜け道」を模索するというストーリーである。彼女は結局、不幸な終末を招いたが、日常生活の中で大して罪のない「抜け道」というものは許される。

生きる道程、もとより平坦《へいたん》あるいは青山《せいざん》ばかりではない。楽しかるべき、野山歩きばかりということにはならない。野原に出た、うまい空気もいっぱい吸った、しかし次に待っているのは激流だ。足を取られ、岩をはい登っているうちに立ち往生、陽はすでに落ちて心細い。さて、道がわからなくなった。誰か助けにきてくれというのが、せっぱつまった部下ということである。

そうした状況下、これが魑魅魍魎《ちみもうりょう》の〝政界山道〟なら天啓のように現れ、「獣道」を指し、無事に人里に導いてくれたのが田中角栄でもあった。

選挙にカネが足りない。ライバルが強く、苦戦している。地元の陳情を実現したいが、役所が言うことをきかない。野党が背中を向け、政策運営がうまくいかない。スキャンダルから、抜け出す手立てがない。しかし、派閥の幹部、親しい議員に相談してもラチが明かない。万事休す寸前というケースがある。

そんなときに、政界の知恵に乏《とぼ》しい中堅・若手たちが、最後に頼ったのが田中だった。田中派以外の派閥からも、である。これを「困ったときの角頼み」といい、ときには野党議員さえ〝活用〟していたのだった。

頼まれ事は大好き人間だった田中は、ときにＳＯＳの選挙資金や票を直接、支援したり、自分で集める秘策も伝授した。また、予算獲得のため、政策運営を強固に反対している野党幹部をなだめるため、どこをどう押せば前進するのか、極秘ノウハウを教えたのである。あるいは、女性スキャンダルでヒイヒイ言っているような議員には、中に入る人物、収拾させるためのカネ、物心両面から示唆《しさ》と援助をしたということもある。

かつて、自民党田中派にいた渡部恒三《わたなべこうぞう》・元衆院副議長（現・民主党最高顧問）は、こんな述懐をしている。

「角さんは、本当に困った相手には敵味方、関係なく助けていた。ときには〝獣道〟も教えていたということだ。こうして、敵を味方にすることによって城を増やしていった、秀吉《ひでよし》に、似ていた。あるいは、明治、大正、昭和を通じて国家主義者として大御所的存在だった頭山満《とうやまみつる》にも似ていた。頭山はコブシで牛を殺してしまう腕力があった一方、1匹の蚊に涙する人でもあった。たっぷり自分の血を吸わせ、そっと放してやる優しさがあった。こういうの、日本人は好きなんだ」

「獣道」とは、「生きるための知恵」と言い換えてもいいだろう。人間は自分1人の発想、知恵には限界がある。例えば、ドツボにはまった迷える部下に「生きるための知恵」の1つも与えられないような上司は、当然その器量が問われると知るべしである。

人生の積み重ね、仕事の経験の豊かさから得た上司としての知恵を、自分だけのものにしていても一文にもならない。少なくとも部下の真の信頼を集め、名上司とあがめられるワケがない。部下に「抜け道」を教えられてこそ一流の上司、できなければタダの人どまりと自戒したい。

⑬ 部下の**「人事の不遇を救済」**してやれるか。その報恩は永遠の部下を約束する。

「損失補填《ほてん》」の好例

一流の上司とは、部下が本当に困っているときに、物事の「抜け道」を教えてやれるくらいの〝力量〟の持ち主であるべきと前項で記した。

しかし、できるならもう1つ、人事で不遇をかこつ部下を、必ずどこかで救ってやれということを加えたい。部下の同期生はそれぞれのポストに羽ばたいていく中、一生懸命やってくれたが取り残される部下もいる。自分がある程度、人事に影響を持つポストについたら、ぜひ、後になってもこうした部下を処遇してやるべきということである。

「人事異動」を生かせるか否かも、上司としての「器」を問われるということである。時に、「あのときのことを覚えていてくれたのか」、その部下にとっては永遠に忘れられない上司となる。逆に上司がピンチに立ったときには、報恩、ときには〝鉄砲玉〟にもなってくれるのがこうした部下である。上司たる者、部下への人事の「損失補填」を心がけたいということである。

ここでの「損失補填」とは、部下が「人事異動」、ポストで恵まれなかったのを、次のチャンスを見つけてカバーしてやることを指す。ポストに拘泥《こうでい》しないサムライ社員もいるが、異動は多くのビジネスマンにとっては排除できない属性、数少ない生きがいの1つである。

田中角栄について言えば、あらゆる部下の難題をかたっぱしから抱え込んで解決してやる「損失補填」の権化《ごんげ》のような人物だったが、またまたこの田中のやり方をジックリと見て自ら実践していたのが竹下登元首相ということであった。

昭和49年11月、金脈問題を引きずった最後の第2次田中（角栄）改造内閣は、わずか29日間で終わった。ときに、竹下は官房長官、のちに「幕引き官房長官」と言われている。

その29日間の内閣に、初入閣組が7人いた。竹下が心したのは、「初入閣でたった

29日間だけというのはあまりにもかわいそうだ。必ずオレがどこかで面倒を見てやる」ということだった。

その後、政権はやがて自分が政権の座につくまで三木武夫《みきたけお》、福田赳夫《ふくだたけお》、大平正芳《おおひらまさよし》、鈴木善幸《すずきぜんこう》、中曽根康弘《なかそねやすひろ》と5代にわたったが、竹下は不遇の7人のことをいつも念頭に置いて忘れなかった。

この間、政権は降りたとはいえ大実力者の田中に進言、了解を取り、5代の政権の中で次々と閣僚に押し込んでいったのである。現在の丹羽秀樹《にわひでき》代議士の祖父、丹羽兵助《ひょうすけ》を最後の7人目として中曽根内閣で総務長官として押し込んで「損失補填」を〝完了〟したのは、じつに心してから8年目だった。

また、竹下自らが政権を取ってやがて退陣、事実上、自らが後継として担ぎ出した宇野《うの》（宗佑《そうすけ》）内閣はこれも69日の短命で終わったが、このときの初入閣組2人に対しても手ぬかりはなかったから徹底している。こちらも、のちの橋本《はしもと》（龍太郎《りゅうたろう》）内閣で堀之内久男《ほりのうちひさお》を郵政大臣に、堀内光雄《ほりうちみつお》（元自民党総務会長）を通産大臣に押し込んで、これまたとどこおりなく〝完了〟させたということだった。

竹下によるこうした「損失補填」の実行は、必ずしも自らが所属する派閥の者だけでなく、他派の人間にも分けへだてなくというところが凄いところである。なかなか、できることではない。

しかし、こうした〝超律儀《りちぎ》〟がジワジワ効いて、のちに自民党内各派に強大な影響力を残すに至るのである。竹下に対してよく言われた〝至上の管理術〟とも言える「部下に管理を意識させない管理術」は、このへんに大きな秘密がある。

ヘタに部下の「損失補填」でもやれば、まわりからの雑音、ブーイングも少なくないだろうなどと度胸なし、ビビッているようでは、とても組織のリーダーになれる器ではないことを自覚すべきだ。せめて目をつけた一生懸命やっている部下には、このくらいのことはやってやれである。

大物になる人物は、総じて度胸と義侠心《ぎきょうしん》、目配りが違う。

⑭ そうしたうえで**「部下は信頼すれども信用せず」**も一考。上司にはそのくらいの峻厳さも肝要だ。

「水漏れ」を見逃すな

田中角栄と親交のあった2人の事業家についての話である。

1人は、徒手空拳《としゆくうけん》のたたき上げにして国際興業創業者だった小佐野賢治《おさのけんじ》。田中の「盟友」とも言われた。もう1人は、父の代の遺産を引き継ぎ、西武グループを発展させ、統率した堤義明。堤は、田中からかわいがられた経済人の1人でもあった。

数々の伝説に彩《いろど》られた2人であったが、事業家としてそこに至るまでの間に、共通点が浮かび上がる。上手に部下を使いながら、しかしギリギリのところでは部下を「信頼すれども信用せず」の姿勢が徹底していたということである。

小佐野の場合。

国際興業はホテル、バス事業、不動産業などで発展したが、小佐野は従業員を全面的に信用することは決してなかった。例えば、ホテル、旅館などの板場が、どこも多くがそうであったように取引先の食材店などからいささかのリベートを受け取ったりすることが恒常化していた時期があったが、小佐野はそのあたりを徹底的に調べ上げたのだった。そのうえで、そのホテルの支配人などはウスウス知っていたハズだとし、板場の当事者はクビ、支配人にも責任を取らせて閑職《かんしょく》に回すことなどをたびたび行った。

あるいは、路線バスに現在のようにまだ運転手が自由に開閉できぬ運賃の自動料金機が備わる前には、運賃を運転手と乗客が現金でやり取りしていたが、運転手がタバコ銭として現金をくすねるというケースがあった。小佐野はこれも耳にするや徹底的に調べ上げ、ただちに運転手はクビ、その営業所の責任者は左遷《させん》といった具合であった。

一方の堤も、同様であった。

常に従業員が手を抜かずに仕事をしているかに疑心暗鬼、予告もなく全国各地で経営するプリンスホテルの裏庭や、傘下《さんか》のゴルフ場に、ヘリコプターで舞い降りるのである。日曜日、「支配人はいるか」とやる。他の幹部が「支配人は公休を取っています」と答えると「…………」。数日後には、この支配人の左遷が決まっているのだった。

どういうことなのか。

小佐野や堤と親しかったかつての財界記者は、その経営姿勢を次のように言っていたものである。

「共通しているのは、事業経営というものは些細《ささい》な〝水漏れ〟が大きな失敗につながるという意識、考え方です。小佐野はその後、他社に先駆けていち早く国際興業の路線バスに運賃の自動料金機を導入したが、これも従業員はある程度は信頼するが、全面的には信用はしていないという考えに立っている。

堤また同様で、日曜日といえばホテルの観光客やゴルフ客は多い。となれば、いつどんなサービスが必要となったり、事故があるかもしれない。最高責任者の支配人が不在でどうする、そんな日に公休を取ってどうするということなんです。堤また、ギリギリのところでは従業員を信用しきっていなかったということでしょう。上司たる者、部下に全幅《ぜんぷく》の信用を傾《かたむ》けるほうがおかしい、自分がスミズミまで目を光らせるのが上司の役目だろうという考え方です。〝水漏れ〟は絶対排除すべしが、経営姿勢の基本だった」

両人に言わせれば、こうした姿勢、結局は上司たる者、その責任感を常に忘れるなということだろう。責任感が強ければ、とても部下を信用しきるなどということはできるものではないということのようなのだ。

田中角栄また、最盛期141人の田中派議員を「信頼すれど信用せず」が根底に垣間見られた。真に信用したのは後藤田正晴、江崎真澄《えさきますみ》らほんの3、4人にすぎなかったということでもあった。「和して同ぜず」「不即不離」、逆に言えばこうした姿勢が141人の「大軍団」をナアナアでなく維持できたという背景だったのかもしれない。一考に値する、上司の心得と言える。

⑮

「トップの最終判断は公六分・私四分の精神」で臨むべき。失敗しても逆風をかわしやすい。

権謀術策には限界がある

トップリーダーがギリギリの決断をしなければならないときの判断材料は、どこに置けばいいのか。田中角栄が強調してやまなかったのは、「公六分・私四分の精神」ということだった。

こんな例がある。田中と三木武夫元首相は、政治的にあらゆる局面でぶつかった。田中の首相退陣後も、三木は自らの権力維持、田中の影響力排除のため、事あるたびに〝仕掛け〟を絶やさなかった。なかなかの策士、である。田中はそのたびに「しょうがねェなァ」などとボヤきながら三木を封じ込めたが、たった1度だけ「公六分」の精神を爆発、激怒した。

昭和55年5月、ときの大平内閣に社会党が不信任案を提出したときである。こともあろうに自民党の三木派、その尻馬に乗った福田派の大勢が本会議採決を欠席、事実上の賛成に回ったときである。こうした場合、若手の造反者が出るケースはあるが、派閥単位での造反というのは前代未聞であった。

田中はある程度暴れるのはいいが、ここまでくると自民党の本体、日本の政治自体を誤らせると、不信任案が可決された日の田中派緊急総会で顔を真っ赤にし、流れる涙をハンカチでぬぐいながら「公六分・私四分」のすさまじい迫力の大演説をぶったのだった。

「今日だけは、口に出して言わねばならない。政治家は最後は、51パーセントは公に奉ずべきだッ。私情というものは、49パーセントにとどめておくべきではないか。自分のためにだけあらゆることをして恥じることのない者は、断固排除せざるを得ない。日本を誤らせるような行動だけは、絶対に許せない。われわれのグループは、このことだけは守ろうではないか！」

ここでの田中の「政治家」という言葉は、ビジネス社会での社員と置き換えてもあてはまる。

田中という政治家はヘタな駆け引き、権謀術策を嫌った。権謀術策には限界があることを熟知していた。若い議員にも、平素から「バカ野郎、どこを見て政治をやっているんだ。お前たちは日本の政治をやっているんだ。私情で動いてどうするッ」「何事も上すべりでなく、誠心誠意でやれッ」と、カミナリを落としていたことからも知れる。

「公」優先で決断、実行した場合、仮に失敗してもその逆風はある程度かわすことができることも知っておきたい。「私」優先では、同情の余地が生まれないということである。

フランスに古くからある名言「ノーブレス・オブリージ」(noblesse oblige＝上に立つ者はそれなりの倫理、社会的責任がある)という言葉の根底にあるのは、「公」の重視であることは言うまでもない。

⑯

「後継者を目と子供のしつけで選ぶ」方法がある。意欲とリーダーシップの度合いが測れるからだ。

「目は口ほどに物を言う」の至言

前々項でも登場した「西武王国」の総帥だった堤義明《つつみよしあき》が、株をめぐる不祥事から有罪判決を受け、その後グループ関連企業のすべての役職から身を引いてから久しい。

じつは、この堤と田中角栄の2人、部下を〝選別〟するうえで共通項を持っていた。部下を「目」で選ぶことが多かったということである。

知識をひけらかせたり、お説ごもっともで近づく部下とマジメに対峙《たいじ》などはしていなかったのである。ジッと相手の目を見て、これは使える部下か使えないか、瞬時に峻別《しゅんべつ》したということであった。

第一線当時の堤は、よくこう言っていた。

「人を選ぶときは、やっぱり〝目〟ですよ。目が、澄んでいなくてはいけない。例えば、根本《ねもと》の場合、たった1回、それもわずか10分会って合格です。即座に、『この男は信用できる』と判断した。性格のよさに加えて、目が澄んでいたことからです。そこに、物事に対する意欲を見た。私の考えている西武カラーを、必ずやつくり上げてくれる男と見込んで全権を任すことにした」

ここで言う「根本」とは、現在のプロ野球・西武ライオンズをパ・リーグの雄に育て上げた故・根本陸夫《りくお》を指す。

堤は昭和53年、当時のパ・リーグの〝お荷物球団〟クラウンライター・ライオンズを買収、西武ライオンズ球団を発足させた。監督に推《お》された根本は、監督として3年契約をまっとうした。成績はふるわなかったが、その後の常勝球団としての基礎を築いたということだった。監督の後は球団の管理部長に転じ、やがてペナントレース、経営面ともに西武ライオンズをパ・リーグを代表する球団に育て上げたのである。森《もり》祇晶《まさあき》監督を抜擢《ばってき》、しばし常勝球団を誇ったことが記憶に残る。

一方、また堤は傘下《さんか》のホテル、ゴルフ場の最高責任者としての支配人の新しい人事をする場合、「目」を問うと同時にその人物の「子供のしつけ」ぶりも重視、こちらも部下へのリーダーシップなどは示せないだろうとの考え方だったのである。

さて、一方の田中。

こちらは選挙になると、東京・目白の田中邸の10畳間の真ん中でデンと坐り、壁と言わず天井まで田中派候補のポスターを貼りめぐらせた中で、とりわけ新人候補のそれにはこう注文を出すのだった。

「コイツはカッコをつけているが、目が死んでいる。そんな奴に誰が票を入れるんだ」

「アイツは上から有権者を見下ろしている。目線が間違っている。バカかッ！」

そして、かたわらの秘書に命じるのだった。「全部、取り換えさせろッ」

選挙で、田中派が強かった裏面でもあった。

また、古くは織田信長《おだのぶなが》に仕《つか》えて豊臣秀吉《とよとみひでよし》を震撼《しんかん》させ、最強の軍隊をリードした文武両道の名将、蒲生氏郷《がもううじさと》の配下選びがそうであった。

「武芸より、俺は〝目〟で見る。よければ採るが、濁《にご》っている奴はいらない」

まさに、「目は口ほどに物を言う」。田中も堤もあるいは蒲生も、才覚以上に「目」が問いかける誠実さを、〝峻別〟の条件としたということである。そして、有能な配下に支えられ、リーダーとしての「絶対主権」を確立したということでもあった。「目」は、人を選ぶ、1つの少なからずの要因になり得ると考えたい。もっとも、選ぶ側に鑑識眼すなわち「目」がなければ、これは話にならない。

⑰

トップリーダーは「才より徳」が重視される。後継は「なりたい奴」を真っ先に外せ。

「順序」も間違えるな

最盛期じつに総勢141人にまでふくれ上がった「田中軍団」には、人材がめじろ押しであった。

となると、とくにトップリーダーとしてはこれらにポストをまんべんなく割り振り、組織（派閥）を丸く収めるのは大仕事、同時に腕の見せどころともなる。

田中角栄の人事原則は、きわめて明確であった。まず、「順序」を間違えないを基本とした。同時に実力主義を念頭に、これにあてはまる人物をまず重要ポストに押し込んだ。これを根幹とし、後の枝葉については論功行賞、温情などを勘案して割り振るということだった。

ここでの「順序」とは、想定する田中派の後継者への目配りということである。田中は首相在任中から、明確に田中派の後継の順位を「1に二階堂進《にかいどうすすむ》、2に江崎真澄《えさきますみ》、3に後藤田正晴」と公言していた。派内の中堅・若手から支持の強かった竹下登については、「状況により後藤田の次」という扱いであった。

なぜ、こうした「順序」だったのか。当時の田中派長老議員は、こう解説していたものである。

「炯眼の角さんは、この順序でこそ派内は収まると読んでいた。その裏には、トップリーダーに〝才〟より〝徳〟を重視したことがある。何事にもソツがなく、才気にあふれた竹下を警戒、軽視したゆえんでもある」

田中が病魔に倒れたことでこの順序は果たされず、竹下は事実上、田中派を率いた形で後継者のイスにすわった。しかし、竹下は田中の危惧《きぐ》通りその後リクルート事件でつまずき、2年足らずで政権の座を追われている。のちに、「才の人」を軽視した田中の炯眼を見た人も少なくなかったのである。

禅の高僧・村上素道《むらかみそどう》の散文詩にもある。「『徳の人』は大将の器なるべし。『才の人』は補佐役たるべし」。トップリーダーの後継、かくあるべしを心したいということだろう。

一方、ポストの割り振りでは、「なりたい奴はそのポストから外す」というのも、「角栄流人事」の要諦でもあった。

人事の季節になると、政界でも必ず出るのが待ってましたと出る不満と要望である。これをさばくことも、上に立つ者の腕の見せどころということである。

「○○議員は大臣ポストが回ってこないので、相当にスネている。こんど入閣できなかったら、派閥を出ることも考えているそうだ」「△△は経済閣僚以外は、絶対に受けないとイキまいている」「××は地元で、しきりに党3役入り確実をフレ回っている」など、田中の耳にも入ってくる。

田中はそうした場合、○○も△△も××も、あえて望んでいるようなポストにはつけないことが多かった。

これは、「上手の手から水が漏れる」ということのようであった。人間はしばしば、得意のところで失敗する。得意のポストにつくと、自信過剰でつい足元が見えなくなることがある。それならむしろ畑違いに登用、そこで全力投球させたほうが本人にとっては視野も広がるだろうし、ためになるとの考えだった。

結果、強大な組織を長く維持し続けたことを考えれば、こうした「角栄流人事」は大いに参考に値すると言っていいのではないか。

第二章　人生を転換するヒント……12の心得

①

「スピーチ（会話）上手」を目指せ。決め手は、相手との一体感をかもす・換骨奪胎能力・笑いの3つ。

相手の気持ちを推しはかる

「どうですか、皆さんッ。学校の先生がデモで道をジグザグに歩いておって、子供だけにまっすぐ歩きなさいよなんて、これ聞くもんじゃないねェ。校長の言うことは聞かない、校長が首をくくるところまで追い込む、それで労働者でござあーいとくる。そんなバカなことが許されますかッ。教育は、民族悠久《ゆうきゅう》の生命なのであります！」

（大拍手）

「東京では、小中学校を週休2日制にしてはどうかとやっている。私は、反対だ。これをやめて、夏か冬にまとめて休ませたほうがいい。都会の狭い鳥カゴみたいな家に、大きなお父さんが土曜も日曜もゴロゴロしていたら、おっかさんはこれはたまったもんじゃないねェ（笑）。そのうえ、子供まで土曜、日曜とまとわりつかれたら、おつかさんは生きていられなくなっちゃう（爆笑）。私は断固、反対だ。子供は毎日、毎日、教え込まないとダメなんです。サーカスの動物だって、1日ムチをやらないと、いちから出直しどころか訓練そのものがパーになっちまうですよ。子供も1週間に2日もブラブラしていたら、元に戻ってしまう。教育とは、そういうもんじゃないですか。皆さん！」（大拍手）

これは田中角栄《たなかかくえい》が元気なころの地元・新潟での演説会の一節だが、この短い語りの中には「スピーチ（会話）上手」への極意がギッシリ詰め込まれている。

極意の決め手にして、3つのポイントが発見できる。

一般的には、政界の大実力者・田中と聴衆との間に、なかなか接点は見出しにくい。生活の次元が、まったく違うからだ。しかし、先の演説では田中はまず難しい教育問題を、どこにでも繰り広げられている子供と家庭という日常風景で引き出し、共通の土俵での話としていることに注目である。聴衆の中の誰1人、〝のけ者〟にしないという心配りである。聞き手と「一体感」をかもすということである。そのうえで、言い回しの妙が発見できる。「換骨奪胎《かんこつだったい》能力」の巧《たく》みさ、ということである。

話はいささか大胆に飛躍しすぎてはいるが、先生がジグザグデモをやっていて子供に道をまっすぐ歩けという教育があるかとし、「教育は民族悠久の生命」と、日常生活を大命題にまで高め、スリ替えてしまっているということである。そして、演説はすべからくどこかに必ず笑いが入っており、聞き手は笑っているうちについペースに引き込まれ、聞き終わって会場を出るころは妙に納得させられた気分になるということである。

笑いのない、暗い話に終始しては、聞いているほうはたまらない。あくび半分、聞き終わった後に残ったものは、何もなかったということになりかねない。説得力のポイントとは、この辺にあることを知っておきたい。

こうした3つの決め手のうえに、次のような〝味つけ〟ができれば、さらに聞き手は聞く耳を持ってくれる。さらなるグレードアップへの道ということである。

列挙してみる。

・何を話したいのか、まず話の冒頭で結論を示せ。と同時に、何を話そうとするのか話を1つか2つにしぼる。それ以上、広げても聞き手には印象が残らない。

・聞き手の自尊心をひたすらくすぐる。自分の自慢話、強がりはタブーだ。むしろ、「皆さんならできる」と持ち上げることに心をくだけである。
・見えすいたことは言わない。イヤミしか残らず、しゃべっている人物のレベルが見抜かれる。
・エピソード、比喩《ひゆ》（たとえ話）を入れる。情景が浮かんで理解しやすい。
・数字をはさむことを忘れない。数字は大きな説得力になるとは先にも触れている。ただし、しょっちゅう数字ばかりが出てきては聞き手がウンザリしてしまう。さりげなく、ときどきというのがミソだ。
・同じ話を繰り返してはいけない。これは何よりも聞き手がウンザリする要因となる。
・聞き手への問いかけ、同意を得ることを忘れてはいけない。例えば、〝角栄流〟なら「そうでしょう、皆さんッ」となる。同じ土俵に引き込み、先の「一体感をかもす」には格好の間ともなるのである。
・声に、力を入れよ。蚊の鳴くような声では説得力とはならない。ときに、身ぶりも必要。聞き手は一生懸命さ、全力さをそこに見る。
これらは、もとより多くの人を前にするスピーチだけでなく、1対1の交渉などの会話術にも十分にあてはまるということである。

②

「雑談の名手」たれ。その効用は計り知れない。第一、人にかわいがられる。

トップ営業マンの心得とは

田中角栄が一目置いたのが竹下登《たけしたのぼる》元首相だったとは、前にも記した。
筆者が知る限り、政界人の中でこの竹下の右に出る「雑談の名手」はいなかった。
竹下と親しかった政治記者からも、こんな話を聞いたことがある。
「竹下は持ち前の人当たりのよさ、如才《じょさい》なさで、次々と人を取り込んでいった典型的な人物だった。例えば、記者との懇談の席にやってくるとき、必ず『いやぁ、お待たせしてすまん、すまん』とやる。それは、自分が定時に来ても必ずやる。記者たちに、悪い気が起こるわけがありません。

また、国会の院内にいるとき、時間があればとくに用もないのに野党の控え室に入っていっては、とりとめのない話に興じてくる。まま、そうした雑談の場に出くわしたことがあるが、竹下の凄さを垣《かい》間《ま》見《み》た。決して、野党に『何か困ったことでもありますか』などとヤボな聞き方はしない、そう切り出しては、相手から本音が出るものではないということを知り尽くしているからです。ニコニコしながら、『あんたら、アレどう思ってるの？』などと話を向ける。野党の議員はつい乗せられて、本音に近いことをペロッとしゃべってしまう。

竹下はそれを胸に置いておき、あとでそんな野党の〝困ったこと〟を、黙ってフォローしておいてやる。だから、与野党が対立したときでも、『竹下が言うんじゃしょうがないなあ』となって、妥協の道を探ることになる。まさしく、竹下は〝雑談の効用〟を知り抜いた第1人者だった」

この「雑談の名手」は、一方で「老人キラー」でもあった。年寄りは、いつの時代でも寂しい。かつて一時代を築いた人物でも、さすがに往時のようには人が寄ってこない。竹下は、この〝スキ間〟も狙うのである。とりわけ用もないのに、暇を持てあましているような長老、ベテラン議員のもとをひょいと訪ねては、ひとしきり雑談に興じてくるのをトクイとしたのだ。

ある長老議員は、筆者にこんな話をしてくれたことがあった。

「一丁上がりの議員にとって、いまは盛りの議員が訪ねてきてくれるほど嬉しいことはない。竹下クンは、私のところにもちょくちょく顔を出してくれた。若いころから、エラくなってもだ。べつに、大した話があるわけではない。でも、嬉しいやね。あとで、私も他の議員にしゃべる。『この前、竹下クンが来たが、アレは勉強している。伸びるね』などと話す。

こんな話が、やがて党の実力者の耳にも届くわけだ。『竹下を一度使ってみるか』となるわけだ。竹下クンが顔を出していた一丁上がり議員は、むろん私1人じゃないだろう。とくに、年寄りにかわいがられることで階段を上っていったのが、竹下クンと言っていいのではないか」

一流の営業マン、セールスマンなどは、総じてこの「雑談の名手」が多いと言われる。

だいぶ前になるが、筆者は某大手銀行主催の講演会に招かれた。その後の懇親会で都内支店の中でとびきりの預金獲得に成功している行員と話をする機会があった。

彼いわく、「飛び込みで入って、『ぜひ、うちに預金を』などとは言いませんよ。昼間なら、奥さん方が相手となります。住宅ローンがまだまだ何年ある、ダンナの給料が上がらない、子供がなかなか言うことを聞かない、隣の奥さんはゴミ袋をちゃんと出してくれないので迷惑など、まず愚痴《ぐち》を聞くことから始めるんです。まあ、雑談ですね。相槌《あいづち》などを打っているうちに、やがてその家の財務状況もわかってきます。

その後、何回か『お元気ですか』くらいの挨拶《あいさつ》に顔を出し、『まぁ将来のことを考えて、私と一緒に勉強しましょう。私でよければ、いつでも何でも相談してくださ い。力になりますよ』くらいのことを言います。反応が出てきたとき、ようやく〝ころし文句〟を使うのです。若干の時間はかかりますが、極端に言えば〝雑談の時間〟をどれだけ持てるかで勝負が決まります」

「雑談の名手」とは、「おだての名手」ということでもある。おだては、相手との親近感を高める状況づくりの近道である。持ち上げられて、悪い気を持つ者はいない。相手に対するおだてひとつ巧みに出ないようでは、とても相手を取り込むことなどはできないと知るべきである。

③

「補佐役の最大の役割」を知っておきたい。トップに苦言を呈し、耳の痛い話を伝えることに尽きる。

判断を誤らせぬ

組織の補佐役、ナンバー2、あるいは「副」的立場にある者の役割、要諦《ようてい》に触れておこう。

なぜ、「田中軍団」が政争において連戦連勝、長く政局の主導権を保持できたのかの要因はこれまでにも触れたが、もう1つ田中角栄を支え続けた名補佐役がいたことが挙げられる。西村英一《にしむらえいいち》、江崎真澄《えさきますみ》、二階堂進《にかいどうすすむ》、後藤田正晴《ごとうだまさはる》といった人たちである。

彼らに共通するのは、自分の功績を顧《かえり》みることなく、ひたすら主君（田中）のために全精力を燃焼させ、義に厚く、間違っても主君を裏切ってその座につこうとは夢にも考えないことだった。二階堂は一度は田中の意に反して総裁の座に意欲を示したことはあったが、これとて〝裏切り〟ということでなく、田中派を維持していくためのやむにやまれぬ選択、熱情からであった。

そのうえで、ときには主君の眉をひそめさせるような苦言、耳の痛い話をあえて進言、主君の決断に遺漏《いろう》なき情報を提供したのが、先の面々ということである。

ここが、大事である。決して主君の歓心ばかりが気になる単なるイエスマンではなかったということである。

例えば、先にも登場した後藤田正晴元副総理。とりわけ、田中・中曽根《なかそね》の両内閣では官僚機構の縄張り意識を排除しながら政治を官邸主導に取り戻し、卓越した情報収集力と分析能力をもって内閣を支え続けた。

その田中と後藤田の間で、田中内閣成立直後にこんなことがあった。当時の官邸詰め記者の話である。

「田中から官房副長官に抜擢《ばってき》されたばかりの後藤田に、田中がひょいと『警察なんてチョロイもんだ』と漏らした。後藤田は、ピシリと田中にこう言った。『総理、あなたはいま昇り竜だからいいが、ひとたび下り竜になったら、相手を見て物を言わんと足をすくわれますよ』。普通なら『ナニを言ってるッ』と切り返す田中だったが、珍しくうなずいていたといいます」

中曽根元首相また、官房長官などで内閣を支え続けた後藤田の的確な忠告あって、5年近くの長期政権を果たせたと言ってよかった。

後藤田はのちに、補佐役、ナンバー2の要諦とは何かについて、こう言っている。

「組織というものは、上層部にいくほど耳に心地いい情報が多く入ってくる。補佐役は、トップにそういうものばかりを上げてしまいがちになる。組織にとって、1番危険なのがこれだ」「補佐役には、悪い情報も入る体制をつくることが必要だ。そのうえで、補佐役はトップに耳の痛い話ができなければならない。そうでないと、トップは情報判断を間違える。恐ろしいことなのだ」

このトップに対する補佐役の要諦は、例えば部長、課長のもとでの「副」的存在の心得ということでもある。「副」的存在がしっかりしていないと、部長も課長も判断を誤りかねないということである。

上司に苦言、耳の痛い話を伝えるのは尻込みが先立って当たり前だが、これでは「副」的立場を十分にまっとうしているとは言えない。

④

人生には**「脇役としての生き方」**もある。主役の息の短さに対して、息が長い生き方ができる。

運命にたゆたうという妙味

田中角栄は決して権力亡者ではなく、むしろ運命論者であった。

「政治家になると思っていなかった。日曜日に魚釣りに行って、ああ川の流れがきれいだし、景色もまたいい。それで、ついそこに住まいを構えて魚屋になってしまった。そんな感じで政治家になってしまったと思っている」「議員というのは、努力、勉強すれば、だいたい幹事長までにはなれる。しかし、総理・総裁というとそうはいかない。運だ」といった語録がある。

ここでは、田中は始めからトップの座に狙いを定めたのではなく、自民党のナンバー2、総理・総裁の補佐役としての幹事長を目標としたとしている。

天下獲りに本腰を入れたのは、44歳で大蔵大臣に就任、そこで政治家として自信をつけることになる昭和37年後半からで、それから10年の歳月を要して総理・総裁の座に就いたものである。

前項に続いて、ここでも田中が当初目標にした補佐役、ナンバー2、あるいは「副」的存在としての生き方について触れる。要するに、あえて主役に固執《こしつ》するのではなく、脇役をもってよしとする生き方についてである。

昭和30年代から40年代にかけて、この脇役に徹して存在感を示した大物政治家がいた。ムリをすれば総理・総裁のイスも夢ではなかったが、ときの権力の間を上手に泳ぎ、長らく自民党のナンバー2、トップの補佐役としての副総裁のポストを満喫した「川正」こと川島正次郎《かわしましょうじろう》である。

川島の知謀《ちぼう》ぶりはあまた知られ、ついた異名が「政界裏面百科事典」「ズル正」「ひまわり」「小判鮫《こばんざめ》の川島」、果ては、「道中師」などありとあらゆる策士としての代名詞がついたのだった。

この川島、大物ではあるが政治的経綸《けいりん》、あるいは政策立案といった実務的能力を披瀝《ひれき》することはまずなかった。ただし、権力への嗅覚《きゅうかく》は抜群、天性の勘と読みで、常に〝勝者の隣にいる男〟として定評があった。「角福戦争」時、いち早く、福田赳夫《ふくだたけお》を捨てて田中の側についたのもむべなるかなであった。

その川島の名言がある。

「主役は息が短いが、脇役は息が長い」「脇役に徹するなかで、一番大事なことは本流の中の脇役であることだ。傍流は、ダメだ。本流にピッタリ寄り添っていけば、間違いなく〝長生き〟できる」「勝ち馬は誰か。それを見分けることが、何よりもポイントになる」等々……。

最近の永田町にも、すでに引退した「参院のドン」として君臨した青木幹雄《あおきみきお》という脇役に徹した実力者がいた。ポストを望まず、ひたすら舞台裏で動くことを好んだ。なるほど、息が長かった。まさに、〝あと一歩で頂上の恍惚《こうこつ》〟を満喫しているようでもあったのである。

運命に身を任し、たゆたうのも生き方だ。会社のポストも上にいけばいくほど、決断力と責任感の重圧に押しひしがれる。ただ、ポストなどは人の一生の幸、不幸とは、もとよりまったく無縁である。うだつが上がらぬからといって気恥ずかしいのは、カミサンの顔色と飲み屋で出す名刺くらいなものだろう。

大したことではない。卑下《ひげ》することは何もない。「脇役」という生き方を知っておくのもいいかもしれない。〝長生き〟ができる。元気で長生きが、人生の勝者という考え方もある。

⑤

相手を「土俵の外」までは追い込むな。いつかまた手を握れる日がある。「ケンカの極意」だ。

「ケンカ」は格上とやるべし

社内抗争あり、上司、同僚、部下との論争、意見の対立ありで、ビジネスマン諸兄はある意味で毎日がケンカと背中合わせに置かれている。家に帰れば鼻の穴をふくらませたカミサンが、待ってましたとばかり〝論争〟を仕掛けてくる。社会で伍《ご》して生きるからには、避けて通れないのが、このケンカである。

その点、ケンカが日常茶飯事の政界で、田中角栄はケンカ上手が際立っていた。言うなら、「角栄流ケンカ術」の極意を持っていたのである。

どういうことか。田中の抗争における連戦連勝は知られたところだが、たとえ勝っても、決して負けた相手を「土俵の外」までは追い込まなかったことが特徴だった。完膚《かんぷ》なきまでに叩きのめし、相手が立ち上がれないようなケンカは、まったく不必要という考え方である。相手を土俵際まで追いつめても、実際の相撲ではないのだから、そこで勝負あったをむねとしたのである。

なぜ、「土俵の外」まで追い込まなかったのか。田中の考え方は、これは銃弾飛び交う生死を分ける戦争ではなく、論争、意見対立にすぎない。それなら、相手に〝余地〞を残してやるべきとした。時間がたち、諸般の事情が変われば、またこのケンカ相手と手を握ることがあるかもしれない。そのことが、やがて自分にとって役立つ日が必ずあるという考え方である。

田中は、徹底的にこれを実践した。ために、抗争で打ち負かした相手とどこかで修復し、むしろその後の人脈拡大につなげることができたのである。ビジネスマン諸兄も、社内のケンカは〝徳俵《とくだわら》〞まで、と知っておいたほうが得策だ。そこで勝負あった、引き際とせよということである。

もう1つ、こんな極意がある。これは、田中のケンカ術を見て育った野中広務《のなかひろむ》（元自民党幹事長）のそれである。野中また、名うてのケンカ上手として知られていた。

緩急自在、アッと言わせた「自社さ」三党連立政権を仕組み、下野《げや》を余儀なくされていた自民党を政権復帰させ、また自民党政権あやうしとなると〝犬猿〟といわれた自由党の小沢一郎《おざわいちろう》党首（当時）と手を組み、「自自」あるいは「自自公」連立を実現させて危機を乗り切った立役者だった。

その作法は、相手の弱点をついて党派や勢力の分断というのが特徴的だったが、自分よりポスト、肩書が下の者とは対峙《たいじ》しないということを鉄則としたのも特徴的だ。ケンカをやる場合、決して「格下」とはやらず、常に自分より「格上」を相手としたということである。

京都の町議から身を起こし、その後の府議時代には絶対権勢を誇った共産党府政の蜷川虎三《にながわとらぞう》知事に1人噛《か》みつき、ついには7期28年の蜷川府政に終止符を打たせてしまっている。ここで「京都に野中あり」を定着させ、やがて中央政界で名を成すに至った。

自分より「格下」相手にいくら勝利しても、周囲は決して耳目《じもく》をひらくものではなく、頭角を現す点数にはならないことを知っておきたい。〝角栄流〟も、また同じ手法でもあった。

筆者はかつて、いまはすっかり足を洗い地道な生活をしているソノ筋の元幹部から、こんな話を聞いたことがある。

「取り立ての難しい債権回収などでも、初めからデカイ声で相手を威嚇《いかく》するなんて、これは〝三下奴《さんしたやつこ》〟のやることです。年季の入ったヤクザは、そんなことはやりません。まず、相手の話をじっくり聞く。どこに矛盾があるか、穴があるか、頭を整理してから『ところで……』と入ります。初めから相手を突き飛ばしてしまったら、取れるものも取れませんワ。威嚇などは、最後の最後の手段ということです」

初めから「土俵の外」へ押し出してしまったら、ケンカにならないとしているのである。まずは、じっくり相手の話を聞く。社内での論争、意見対立、また同じ。ソノ筋のケンカ術、これもナカナカ参考になる。

⑥
「カネが上手に切れるか否か」。男の品格を左右する。

ケチの説得は誰も聞かない

「カネを上手に切れる男」かどうか、についてである。男の品格を左右する。

ここでは、「説得力」との関係について触れたい。上手にカネの切れる男の話は説得力を持つが、切れない男の話には誰も耳を貸さないものだということを知っておきたい。

田中角栄については、こんな面白いエピソードがある。

「闇将軍」と喧伝《けんでん》されながら中曽根政権に影響力をふるっていた昭和58年、田中派と敵対関係にあった福田派に、福家俊一《ふけとしいち》というベテラン代議士がいた。福家は折から体調を崩して入院していたが、それまでは機会あるたびに田中批判をブチ上げていたのだった。

その入院中、親分の福田赳夫も当然、見舞いに来たが、ナント敵対派閥である田中もやってきたのである。田中のやり方は、一味違っていた。

田中は病室に入ってくると、ろくに話もせずに、ベッドの上で体の動かせぬ福家の足元にソッと分厚い紙袋を入れて帰っていくのである。もとより、過分な見舞い金に福家はビックリしたが、驚きはこれにとどまらなかった。田中は退院までこれもナント都合5回も見舞いに現れ、そのたびに同様の紙袋をしのばせて帰るのだった。

のちに、福家からその話を聞いた福田派の同僚議員はこう話してくれたものだ。

「入院期間の長さもあって、福家は資金的にも苦労していた。福家は、言っていた。『オレがあれだけ批判の声をあげていたのに、角さんは多忙のなか5回も来てくれた。義理で1回は来てくれても、5回も来られるものではない。しかも、オレの窮《きゅう》状《じょう》を見抜いて助けてくれた。涙が出たね。福田は2回ばかり来て、〝早くよくなってくれ〟とは言ってくれたがね』と」

退院後、福家の田中批判は、ピタリとやんでしまった。ここでの福家は、田中の

〝無言の説得力〟の軍門に降《くだ》ったということだった。上手にカネの切れる男は、かく説得力を持つということでもある。

私の学生時代の同輩に、一部上場会社の部長で退職した男がいる。私生活もマジメ、勉強家でもあり、若いころは友人たちも「間違いなく重役になるだろう」とささやき合ったものである。

しかし、この男には1つだけ欠点があった。仲間と飲んでも、「オレがおごる」とは口が裂けても言わないのである。カゲ口は「割り算男」だった。

割り算に関しては恐るべき才能で、どんなに酔っていようとハンパな金額の勘定であろうと、たちどころに「1人アタマ9千435円！」などと〝宣言〟してみせるのである。

一度、部下の課長を連れてきたとき、筆者は彼（＝部下の課長）に尋ねてみたものである。「会社でふだん部下と飲むときもこうなのか。部長職も長い、重役の声は出ていないのか」と。彼は「私の口からは言えません」と、うつむいてしまったのである。

結局、この「割り算男」は上手にカネを切る術《すべ》を知らず、言うならケチが原因で部下への求心力を欠いたということだった。ために、自ら重役への道を閉ざしてしまったということでもあった。

ひるがえって、政界で言えば例えば民主党の岡田克也《おかだかつや》元副総理。近い将来の首相候補の1人と見る向きも少なくない。頭の回転はよし、政策能力は買えるが、こちらは気マジメ1本の「割り勘男」で知られている。仕事以外では、若手議員と飲んでもキッチリ割り勘とくるから恐れ入る。

これでは、とても親分になれない。かつて党代表のときでも、中堅・若手からイマイチ求心力が働かなかった。代表だった時の平成17年9月の総選挙で敗北しても、党内から岡田をかばう声はまったく起こらなかったのである。今後、このあたりの〝反省〟がないと、やがて再び党代表を手にし、首相の座に就いて存分の働きをするのは難しいかも知れない。縦横に動いてくれる部下が、果たしているかということである。

加えて言うなら、「言葉のケチ」も損をすることを知っておきたい。

一言、加えれば丸く収まるものを、その一言をケチる。ために、収まるものも収まらず、「アイツは食えない」などのカゲ口だけが残る。すべからく、「ケチに説得力なし」ということである。

⑦

至言！「笑いの中に真実がある」。余裕の中でこそ妙案、発想も出てくる。

「笑いの効用」は病理学的にも実証

その田中のスピーチで、随所に出てくる一節がある。「いや、笑いの中に真実がある」というものである。
「野党が何だかんだ言っても、気にしなくていいんです。あれは、三味線《しゃみせん》みたいなもんでね。子供が1人、2人ならいいが、3人、4人おったら、中にはうるさいのもいるッ（爆笑）。皆さんッ、笑ってばかりいてはダメですよ。いや、笑いの中に真実がある！」といった具合である。

笑いというものは、余裕、あるいは考え抜かれた後のあきらめかのいずれかの中で生まれる。

例えば、議論。田中は、眉間《みけん》に縦ジワを寄せた難しい議論からはムリをした結論しか出ない、そして結果的にはそんな結論はどこかで破綻《はたん》するものだとしている。笑いの出るような余裕の中でこそ、多くが納得できるような結論が出るとしている。また、それまで思いも及ばなかった妙案、発想も、フイと出てくるものだとしているのである。

人間は、「笑う動物」と言われる。他の動物は、笑うことを知らない。笑いの中で、なごむということも知らない。人間だけが神に与えられたこの特権には、重みがある。人間なら笑いの中でこそ学べ、としたものである。筆者は、そう考えることにしているのである。

最近は、一方で「笑いの効用」が病理学的にも取りざたされている。「精神神経免《めん》疫学《えきがく》」としての研究が進んでいるようである。また、笑いはガンをも吹き飛ばす健康の妙薬との説さえあるのである。

漫才、落語など、大衆はいつの世にも笑いを求めている。大衆を無視したビジネスも、政治も成り立たないと知りたい。「笑いの中に真実がある」。なんとも哲学的な命題にして、名言、至言《しげん》と言える。「真理」と言えるものなのかもしれない。

ご時世、必ずしもなかなか笑える状況にはない。しかし、日常生活、笑う努力はしてみたい。いいこともありそうだ。

「オレはどうしても笑えない」。そうしたご仁《じん》は、その自分を笑ってみる手もある。〝力《りき》み〟が取れるかもしれない。

⑧

「稚気は男の武器」である。「憎めぬ上司」は部下も集まりやすい。

ただし、若者がチラつかせるとバカにしか見えない

それなりの人物を観察していると、時折、オッと思うことがある。この人がと思うような稚気《ちき》、すなわちちょっとした子供っぽい仕草を示すことでの〝憎めぬ人物〟の発見である。

本来なら近寄りがたい人物なのだが、こんな尻が抜けているような一面を見ると、周囲はなぜかホッとする。地位の高みにある人物ほど、この稚気への評価は高くなる。親近感がわき、人が集まるゆえんとなるのである。

歴代の総理大臣でも、大酒飲みの池田勇人《いけだはやと》は酒が入ると蛮声《ばんせい》を張り上げ、決まって「愛染《あいぜん》かつら」を、花もォ嵐もォ～と歌い出すのが常であった。周囲は「またか」と思いながらも、これ得意げの池田を見ていると、なぜかホッとするのだった。「貧乏人は麦を食え」などの放言、失言の多かった池田ではあったが、こんな池田に親近感を持った国民は、なかなかクビを取ろうとはしなかったものである。

また、中曽根康弘元首相もきょうびは好々爺そのもののような顔をしているが、防衛庁長官時には ムリして自衛隊のジェット戦闘機に乗ってみせたり、総裁選予備選挙の全国行脚ではこれまたムリをして農家に飛び込み、ホルスタインのフンを酪農家よろしくスコップですくってみせ、さあテレビは撮ってくれと、稚気丸出しの男だったのだ。この手の尻の抜けたエピソードはおおむね国民には好感、ついには総理の座にすわってしまったということだった。

それでは田中角栄はといえば、もとよりこちらは稚気のカタマリのような人物でもあった。

39歳で初入閣としての郵政大臣に就任した際、NHKラジオの「三つの歌」に出演、ノセられて浪曲「天保水滸伝《てんぽうすいこでん》」をひとくさりウナッたため、「公共放送でヤクザ礼賛《らいさん》の浪曲とは何ごと！」と抗議が殺到。あやうく大臣のイスを棒に振りそうになったが、これは稚気としてむしろ国民には人気が出たのだった。

また、首相退陣後の昭和57年元日、東京・目白の田中邸の新年会ではこんな稚気も見せては、ヤンヤの喝采を浴びている。

当時、バリバリの大蔵大臣だった「ミッチー」こと渡辺美智雄《わたなべみちお》（「みんなの党」渡辺喜美代表の父）と田中は、よほど気が合ったのかウイスキーのグラスを重ね合った。やがて、いい気持ちになったミッチーが、なぜかテーブルに駆け上がった。と、これまた顔をテラテラさせてデキ上がっている田中も、追うようにテーブルにはい上がり、ついには2人で抱き合って「バンザイ！」と叫んだのである。

退陣したとはいえ、ときに田中は「闇将軍」として絶対の実力者、この2人の稚気ぶりには会場にひしめく政界関係者はニンマリ、しばし爆笑、哄笑《こうしょう》が絶えなかったものだ。

一方で、こうしたことは、ビジネスマンなど組織の人間すべてにあてはまる。謹《きん》厳《げん》、ニガ虫を5、6匹も噛みつぶしたような融通《ゆうずう》のきかない男には人は寄らない。部下も、近寄ってこない。だいたい、オンナにもモテない。オンナが一番弱いのは、男が一瞬見せる稚気という側面がある。
稚気は男の大きな武器になると、田中は教えている。ただし、若い者があまりチラつかせると、これはバカにしか見えない。加えれば、作為の稚気はもとより見抜かれる。世間はすぐに見抜くと知りたい。

⑨
「男は愛嬌、女が度胸の世」と知りたい。愛嬌があれば、人が取り立ててくれる。

四角四面の人物は発想も乏《とぼ》しい

仕事をやらせれば、いつも80点の合格点を取ってくる。折り目も正しい。私生活また、乱れがない。言うなら非の打ちどころがない人物だが、イマイチ人に好かれない、人気がわかないというタイプがいる。画龍点睛を欠き、人物に愛嬌《あいきょう》がないのである。愛嬌とは、前項の稚気と相通ずるところがある。

対して、本人は努力しているようだが、いささか仕事は甘い。家庭でもしょっちゅうカミサンや子供たちの攻撃にさらされ、ヒイヒイ言っているらしい。しかし、上司、同僚からは、人なつっこさでかわいがられる。こちらは、愛嬌がある人物ということである。

さて、どっちが得かという話になる。

人が取り立ててくれるのは、断然、後者ということになる。仮に、1人、他の部署に出さねばならないというケース。迷った上司の決断は、後者を残し、前者を出すというケースが多いのである。

筆者の知り合いのあるメーカーの人事担当の役員は、かつてこんなことを言っていた。

「採用試験でも、同じレベルの成績だったら、間違いなく愛嬌のあるほうを採る。四角四面の男は、仕事はほどほど任せられるが、総じて物事の発想となるとまるでダメだ。昇進も、愛嬌のあるほうが早いというのが一般的ですね」

持ち前の能力プラス、巧《たく》まざるの愛嬌で支持を集めていった典型が田中角栄でもあった。

エピソードは多々あるが、代議士になる前の戦時中の弱冠20歳、土建屋社長時代のこんな話が残っている。のちに政界入り、運輸大臣になって選挙区に急行停車駅をつくったりと騒動を振りまきながら、ベランメエ調、憎めぬ人柄で衆院副議長まで務めた荒船清十郎《あらふねせいじゅうろう》というなかなかの人物がいた。この荒船がまだ事業家として政界入りする前、じつは青年時代の田中との出会いがあったのだった。

荒船は筆者のインタビューに、こう答えてくれたものであった。

「(田中が）材木の買い付けに来たんだが、エラく算術が速かった記憶がある。買い付けた山のような材木の金額を、パッと暗算で出してしまう。なかなかきっぷもよさそうな青年だったので、そのあと牛鍋屋に連れてってやった。酒が入ると、なんとオラに天下国家論をブチ始めた。このオラを黙らせておいてさんざんブチまくった後、突然ヒザを正して言うんだ。『大変ごちそうになっちゃった。お礼に浪花節《なにわぶし》をやらせていただきます』ってね」

「たしか、『佐渡情話』だったと思うが、とにかく普通のハタチの青年とはどこか違っていた。頭はいいし、愛嬌があった。この雰囲気を持っていれば、将来、政治をやれば総理、カネ儲けをやらせても三井、三菱、住友くれェの大物に間違いなくなる、そうにらんだが図星だったナ」

なるほど、田中は陣笠代議士のころ、東急グループの創設者として君臨した五島慶太《ごとうけいた》から、その力量、経営能力を買われ「東急をやってみないか」と誘われた経緯があった。もとより、「東急をアンタに任せたい」ということである。このとき田中が東急入りしていたら、荒船の弁ではないが、東急グループを今日、日本一の「東急コンツェルン」に仕立て上げた可能性もある。

かつては、「男は度胸、女は愛嬌」が相場だったが、時代は変わった。かつて男を売ったアウトローの面々も度胸だけではなかなか渡世も厳しく、一方でウジウジ亭主のケツを叩いて決断をうながす度胸のいいカミサンが大量発生していることでも証明される。

愛嬌のある人物は、周囲から能力不足を補《おぎな》ってもらえる。引き上げてもらえる。人が寄ってくる。「オレは愛嬌があるか否か」、たまには自問自答もいいかもしれない。

⑩
「名優は〝出〟が大事」を学ぼう。勝負どころで花火を打ち上げられる知恵と度胸があるか。

物事にはタイミングがある

「待ってました！」。花道、出端《では》の揚げ幕が上がると、トントントントン、市川団十郎《いちかわだんじゅうろう》が六方《ろっぽう》を踏む。その挙措《きょそ》に観客の目はクギ付けだ。団十郎、やおらグイと見得を切る。再び、「成田屋《なりたや》！」の掛け声。

おなじみ、歌舞伎十八番「助六《すけろく》」の名場面にして、役者にとっても、人気と技量の真贋《しんがん》が問われる正念場でもある。ここが決まらないと、あとの芝居はドッ白《ちら》けになってしまう。名優こそ、この「出」を最も大事にするのである。

このことは、ビジネスを含めた一般社会でも同様である。ふだん、コツコツ努力するが、イマイチ人気が沸騰しないタイプがいる。物事の勝負どころで、ドンと花火を打ち上げるだけの知恵と度胸がないのである。

田中角栄また、そうした「出」を心得ていたひとりであった。

総理大臣になった。たちどころに掲げていた日本列島改造計画を実行に移し、同じく日中国交正常化を実現してみせた。見事な「出」と言ってよかった。国民は沸騰し、当時としては異例の内閣支持率62パーセント（首相就任時）を記録したのである。

田中の口癖が残っている。

「日本人は、気が短い。芝居の幕がいつまでも開かんと、怒って客は帰ってしまう。あまり仕事をせんと、オレが代わってやろうという短気な奴が出てきて当然ということだ」

田中は物事のタイミングを大事にせよ、ボヤボヤするなと言っている。

こんな話もある。田中の「盟友」として鳴らした国際興業創業者・小佐野賢治《おさのけんじ》である。田中に言わせると「アイツは大金持ちだが、本当はケチ」となっていたが、座敷遊びでは、しっかり「出」のタイミングを心得ていた。

例えば、芸者へのチップだが、常に小佐野は100万円入りの財布をポンと渡し、「好きなだけ取れ」と言い、あとで残りを数えたのだった。いくら抜いたかを調べて、それが遊びにふさわしい満足度だったかを測るのである。ふさわしければまたその芸者を呼ぶし、不相応だったら2度と呼ぶことはなかった。ために、小佐野の座敷はやがて〝満足度100パーセント〟の芸者ばかりが集まり、花街では大モテだった。これも「出」を重視したタマモノとは言えるだろう。

田中は、こうも言っている。

「カネというものはチマチマ使うより、ここぞというときは一気に使え。そのほうが、効果は何倍も大きい」

小佐野の「盟友」らしい言葉ではある。また、「カネの使い方名手」と言われた田中ゆえに実感もこもる。

総じて、大物と言われる人物は、常に「出」をわきまえている。日常生活の名優を心して、決して損はない。

⑪ 「〝ひけらかさない〟のが男の粋」。だから、田中には人が集まった。

「論語読みの論語知らず」の愚

「男の粋《いき》」、真のダンディズムとは何だろう。

読者諸兄の周囲には、こんな人物がいないだろうか。仕事はほどほどにデキる、しゃべらせれば知識と理屈は一人前、しかしどうしたものか職場での人気はイマイチで、飲み屋へ行ってもこれまでオネエちゃんから一度として秋波《しゅうは》などを送られたことなしといったご仁である。

どこに、問題があるのか。一言で言えば、知識などを「ひけらかす」ことにある。自分では抑えているつもりでも、ついどこかで顔を出してしまう。言葉を換えれば、奥ゆかしさがないということになる。要するに、オデコに「論語読みの論語知らず」

のハンコが押してあるということである。

田中角栄は、どうだったか。

学歴はご存じ、高等小学校卒。しかし、若いころは万巻《まんがん》の書をむさぼり読んで勉強している。「田中は本は読まなかった」というのはまったくの俗説である。ただし、政治関係のそれはバカバカしかったらしく、政界入り後はほとんど目を通すことはなかった。そのうえで、頭脳回転は超人的。だが、知識の「ひけらかし」は、どこをほじくっても出てこなかった。

例えば、田中の前で若い政治家が生半可なことを披瀝する。田中から返ってくるのは、「一丁前の口をきくな」の一喝である。ために、ともに若き日、有望株とにらんだ2人ではあったが、知識の量と頭の回転の抜群の橋本龍太郎（元首相）より、万事に寡黙《かもく》で〝披瀝〟のない小沢一郎（民主党元代表）のほうをより買っていた。好きだった。

ここでは、一方で田中は「ひけらかさない」小沢に、より「男の粋」を見て取ったということでもあったようだ。

かつて、筆者は政治評論家の岩見隆夫《いわみたかお》からこんな話を聞いたことがある。

「中山千夏《なかやまちなつ》(元タレント・元参院議員)はリベラルな考えの持ち主で、初めは田中のことをあまり好きじゃなかったそうだ。ところが、演説を目《ま》のあたりにして、一変したと言うんだ。その中身はともかく、全力投球でのそれは、聞いているだけでエクスタシーを感じたという。あれだけの人物で、話の中身に〝ひけらかす〟ところがない。それでいて、聞く者を皆、取り込んでしまう。千夏は〝凄い〟と言っていた」

これは、長く田中を見てきた筆者としても、当たっていると思っている。こうした周囲の多くの見方が田中にさらにオーラを与え、やがてカリスマ性をさらに増幅させていったということである。

世の中は、上には上がある。例えば、会社の同僚でも、ふだんは寡黙だがときにエッと思うような碩学《せきがく》ぶりがのぞける人物もいる。世の泥水を飲み、「実学」のノウハウを知り抜いている飲み屋のオネエちゃんも、決して侮《あなど》ってはいけない。この人たちからすれば、「ひけらかし」くらい浮き世離れした話はないということである。

いまでも多くのファンを離さない作家・池波正太郎《いけなみしょうたろう》の小説は、言うなら「男の粋」

で成り立っている。池波の「男の粋」は、常に一歩引いたこの「ひけらかさない」、奥ゆかしさを指している。ダンディズムということである「能あるタカは爪を隠す」。昔の人は、改めてじつにうまいことを言ったものだと思っている。心したい。

⑫

「結局、食って寝てイヤなことは忘れることが一番」。生きる知恵の神髄ここにあり。「田中現実論」の凄み。

神様だけが知っている「物事の結論」

筆者が長期間の田中角栄の人物研究で得たキーワードは、何事にも「全力投球」「誠心誠意」「努力」「率先垂範《そっせんすいはん》」「負けてたまるか」精神ということであった。まるで、ある時代の修身の教科書のようではあるが、時代は変わってもへこたれることなくの生きる姿勢、人間関係をよくするキーワードであることは誰も否定できまい。

田中の生涯は一度としてこうした姿勢をゆるめることなく、全力で駆け抜けた。そして、人が集まり、それに基づいて圧倒的な政界影響力を発揮、リーダーシップを取り続けての75年ということだった。

そして、曲折も少なくなかった豊富な人生体験からたどりついた名言が、次のようなものであった。

「結局、食って寝て、イヤなことは忘れることが一番」

簡にして明、いかにも田中らしい物言いだ。男なら、たっぷりメシを腹に詰め込んでから〝戦場〟に出よ。腹が減っては、戦《いくさ》はできない。寝不足、頭クラクラ、足元おぼつかなくて、知恵がめぐるわけがない。そして、夜はグッスリ睡眠を取ることだ。イヤなことは、その日のうちに忘れてしまうように越したことはない。

物事の行方、結論は、結局は神様だけが知っている。どうあれ、結論というものは出る。それならイヤなことはいったん忘れ、明日また展開に合わせて考えればいいではないかとしているのである。「1日の苦労は、1日にして足れり」の実践ということでもある。室町時代に本願寺教団を飛躍的に発展させた親鸞《しんらん》の弟子で浄土真宗の高僧・蓮如《れんにょ》また、「明日と申事、あるまじく候」と言っている。

一方、かのイギリスの劇作家・シェークスピアは、いささか得意の皮肉を込めてこう言っている。「心労こそ、人生の一番の敵である」。人間関係ががさつになっている今の時代、できるだけくよくよを引きずらない努力も必要だろう。

生きるとは、改めていったい何だろう。若いころ筆者も乏《とぼ》しい読書力で、文学、哲学、宗教書をかじってみたが、いまにしてもとよりなんの結論にも至っていない。なんとかわかったのは、「あまり人に迷惑はかけないで生きよ」といった程度である。笑うなかれ、である。そして、しかと分かったことは上調子でない地に足のついた生き方が、いかに尊《とうと》く、凄いものであるかということである。「田中現実論」の凄みのゆえんということでもある。

その田中は、こうも言っている。

「だからこそ、人にはできるだけ優しくしてやれ。困った奴は助けてやれ。安らいだ1日が過ごせる」

第三章—人に好かれる・人が動く……16の心得

①

「真理は常に中間にある」。これを理解することが人の集まる最大のポイント。

広大な中間地帯

「世の中は白と黒ばかりではない。敵と味方ばかりではない。その間にある中間地帯が一番広い。そこを取り込めなくてどうする。真理は常に中間にある」

田中角栄《たなかかくえい》の名言、至言は数多いが、組織の中で生きるビジネスマンにはピカ一の至言だろう。

田中はこの言葉に続けて、よく中堅、若手議員に向かってこう続けた。

「そのへんがわからん奴が、天下を取れるわけがない」

さて、田中はこの教訓を高等小学校卒の学歴ハンデなんのその、裸一貫、15歳から実社会でもまれ続けるなかで「実学」の中から学び取った。汗と涙で得た「実学」には、教科書では得られない紙背の真理がある。それを政界で十分に磨き込み、やがて総理大臣のイスにすわったのが田中だったということである。

「真理は常に中間にある」。どういうことか。

組織には、自分を支持してくれる人間が、必ずひと握りはいる。他方、人の言動すべからく気に入らずの何でも反対組が、やはりひと握りはいるものである。その間に利あればつくし損ならば離れるという〝日和見《ひよりみ》〟や、何事にもどうなれ派の連中がいる。これが、まさに中間地帯（グレーゾーン）ということである。広大なこの中間地帯層、ドッと動けば組織内の世論となる。この世論を取り込めば、人の支持の輪が広がるということである。

理屈の入り込む余地はない。田中は、そのために「バカになってでも目配り、気配りを忘れるな。他人の意見に耳を傾《かたむ》けろ。我を通すだけが能じゃない」と教えたのだった。

東京都知事の石原慎太郎《いしはらしんたろう》。あれだけ国民的人気がありながら、自民党という大組織の中で〝総理への野望〟を果たせなかった人物である。

「政治にアイソが尽きた」の捨てゼリフとともに、唐突に二十五年間の国会議員生活にピリオドを打ち、東京のトップに転身してしまったものだった。石原は国民人気は高かったが、プライドの高さから中間地帯にいる国会議員と、結局、手を握れなかったということだったようだ。これが原因で、自民党内の支持基盤がついぞ固まらなかったということである。

あるいは、田中真紀子《たなかまきこ》元外相。女性議員の中での政治センスはなかなかのものがある。男の政治家には絶望的ながんじがらめの官僚制度に風穴を開けられるかも知れない可能性を持っていると見られ、外相就任時は伏魔殿《ふくまでん》と呼ばれた外務省の改革を期待された。しかし、父・角栄の最も大事なDNA（遺伝子）を欠落させているということか、省内改革を期待した若手官僚からも距離を置かれていたうえ、志半ばで外相も解任されてしまった。以後、かつてのあの〝真紀子ブーム〟は跡形《あとかた》もない状態だ。

「真理は常に中間にある」。このこと1つを人生訓にし、目配りができれば周囲の見方は大きく変わってくるかも知れない。人間、ときにはバカになることも必要ということである。田中ならずとも、ときにバカになりきれないのを、本当のバカというのではないか。

②

「人と会うこと」。その心得が人生、ビジネスのヒントをくれる。
ネット社会の罠にはまるな。

携帯・パソコンとにらめっこでは何も生まれない

21世紀、このままネット社会が進むととんでもない人間が増殖するのではないかと危惧《きぐ》している。

朝、会社へ行く。同僚らとろくすっぽ挨拶《あいさつ》も交わさず雑談もせず、ただちにパソコンに向かう。時折、メールを確認する。昼休み、仲間と連れ立って昼メシかとなると、1人でどこかに消える。昼メシの後の大半の時間は、外でまたメール交換だ。退社時刻、仲間と居酒屋などはごめん、そそくさと自宅へ戻り、カミサン、子供との会話もそぞろに、またパソコンとにらめっこ。メールのやりとりで、1日が終わる。

とりわけ、若いビジネスマンにそうした日常パターンを送っているタイプが増えているようだ。要するに、人と会わない、会話をしない新々人類の台頭である。

ここから派生することは何か。

まず、人間関係でモマれていないから、ちょっと孤立しただけで行き場を見失う。モメた時の「出口」を見つける術《すべ》を知らない。結果、逃げ出してしまうか、すぐキレる。場合によっては、犯罪に直結する。それは、すでに青少年犯罪の増加傾向が明らかにしている。

そして、それがビジネスマンなら、人と会わない会話をしないゆえに、決定的な落とし穴が待つことになる。1つに、人にモマれることがないから学ぶものがない。2つに、真の情報が入らない。3つに、ゆえに人脈の拡大とは無縁になることである。

いずれも、ビジネスマンとしては致命傷である。考え方は、いつも唯我独尊《ゆいがどくそん》となる。パソコンで得られる情報は、誰もが享受《きょうじゅ》できる。情報であって、もはや情報でない。また、とことん話し合う機会もないことから友人もできるわけがない。人脈が広がるわけがないのである。

政界一の情報通、強大無比の人脈を誇った田中角栄の場合、どうだったのか。

田中くらい、人と会うことをいとわなかった人物も珍しかった。とにかく、若いころから積極的に人に会った。それも、肩書、地位のある者たちだけでなく、利害損得まったく無関係、頼まれれば喜んで誰とでも会うという姿勢だった。

「連続して人に会い疲れて休んでいるとき、またお客さんが来ることがある。『わざわざ出向いてきたんだから』と、それでも会っていた。政治家は人に会うのが商売だが、私もここまではできなかった。『人と会うのが醍醐味《だいごみ》になってこそ本物』と、よく諭《さと》されたものです」

旧田中派時代、長く田中の言動に接していた中西啓介《なかにしけいすけ》・元防衛庁長官はそんな話をしてくれたものである。

「政治家の実力は、集まる人の数に正比例する」と言われる。人が集まれば、おのずと広範な情報が入る。人の集まらない人物は当然その逆、行動範囲も狭く実力も知れたものとなるわけだ。

人との雑多な会話の中でのちょっとした話が、後になって「なるほどナ」というケースは少なくない。また、そのちょっとした話が「次の一手」を決める、道を拓くヒントになることもある。政治家ならずとも、ビジネスマンとて同じである。

若いときはすべからく、身を粉にすることを苦にしては後々の「財産」を手に入れることはできない。

書物などは、人生の1次方程式の解き方を教えてくれるにすぎない。ところが、その先の2次方程式こそ人生そのものなのだ。人生は、応用問題の連続である。それは、人にモマれてこそ初めて解けるようになっている。すべてをオープンにしてしまうネット社会、しかしじつは人間を閉塞感《へいそくかん》の中に閉じ込めてしまっていることを忘れてはいけない。ネット社会の罠《わな》にはまるな、である。

田中の名言、「人と会うのが醍醐味になってこそ本物」を心したい。

③
「自分の言葉」で話すことだ。借りものは必ず人が見抜く。

全力で語れば人は聞く耳を持つ

借りものでない「自分の言葉」で話せるかどうかは、人を説得できるかどうかの大きな分かれ目になる。

よくシタリ顔でウンチクをまくし立てるが、聞き手が後で振り返ってみると「さて、ナンの話だっけ……」という話し手がいる。ここでの話し手は、エネルギーと時間を消費しただけで、例えば説得は完全に失敗したことを意味している。

原因は1つ、まくし立てる言葉の中に「自分の言葉」がないことである。本、新聞、テレビ、あるいは友人、知人から借りた「他人の言葉」の羅列《られつ》ということである。響いてくるものがない。琴線を揺さぶられるものがない。ある程度、世の中でモマれている聞き手なら、こんな借りものは一発で見抜いてしまう。「コイツは何もない男だナ」、会社に戻るより早く、商談決裂の電話が入っていたりすることになるのである。

稚拙《ちせつ》でもいい、自分の少ない経験に意欲をプラスして、とにかく一生懸命「自分の言葉」で話すことだ。そのほうが、第一、かわいげがある。かわいげがあれば、聞き手は少なくとも聞く耳を持ってくれる。新社会人は言うまでもなし、若手のビジネスマンも、是非、心しておかなくてはならないことの1つである。

先にも触れた日中の娘、日中真紀子元外相。国民全体の期待度は落ちてきたが、オバサンたちの支持は相変わらず根強い。オバサンたちこそ、先にも触れた広大な中間地帯（グレーゾーン）ということでもある。

そのオバサンたちの真紀子支持の大きな理由は、大衆の心を一瞬のうちにわしづかみにしてしまう彼女の抜群のスピーチ術にある。

真紀子のスピーチを聞いていると、借りものがないのがわかる。この点は、なかなか立派である。すべて、自分の実体験から発している。それを持ち前の感性の鋭さで磨き、ウイット（機知）と迫力で押しまくるのだから、説得力十分、オバサンたちの多くが思わず引き込まれてしまうというワケである。

平成10年7月の自民党総裁選に立候補した小渕恵三、梶山静六《かじやませいろく》、小泉純一郎をそれぞれ「凡人」「軍人」「変人」と一言で表現、その後も、どこか茫洋《ぼうよう》としていてキレ味に乏しい森喜朗《もりよしろう》元首相の名前を「シンキロウ（蜃気楼）」と読んでみせたのは、希代《きたい》の才能さえも感じさせる。スピーチ術ということに限れば、真紀子のそれは「自分の言葉」を自由に操《あやつ》り、「角栄節」として圧倒的な支持を集めた父親のＤＮＡ（遺伝子）を見事に受け継いだものといっていいだろう。

私は43年間、永田町を取材してきて、この田中父娘に匹敵する「自分の言葉」を駆使、人気を高めた政治家をあと一人だけ知っている。みんなの党の渡辺喜美《わたなべよしみ》代表の父、「ミッチー」として変幻自在のスピーチが人気だった渡辺美智雄《みちお》元副総理である。

この人いささか品は欠けたが、こむずかしい政治の話から自分の苦労多き体験までをユーモアたっぷり、常に「自分の言葉」で語り続けたものだ。これがウケ、地元選挙区では敵なしの支持を集めたが、惜しむらく、総理大臣に手の届くところで亡くなった。

その「ミッチー」と気脈のあった田中は、自分の名代《みようだい》で演説に出かける秘書などに、こうクギを刺すことが多かった。

「わかったようなことを言うな。気の利いたことを言うな。そんなものは聞いている者は一発で見抜く。借りものでない自分の言葉で、全力で話せ。そうすれば、初めて人が聞く耳を持ってくれる」

これこそ、「説得の極意」ということだろう。「論語読みの論語知らず」が通用するほど、世の中は甘くない。

④ 信用の第一歩は、**「時間の守れる男」**であること。時間にルーズで大成した者はいない。

「社会の約束事」はすべてここから

田中角栄という人物は、ことのほか「時間」に厳しかった。自分も約束した時間は1分たりともおろそかにしなかったが、他人にもそれを要求した。女には優しかったゆえにデートでも多少の時間の遅れはガマンしたが、男は1分でも遅れてくる者は信用しなかった。田中は「時間の守れぬ男」は何をやってもダメと、人を見る1つの目安としていた。

田中が、「日の出の幹事長」と言われていたころの昭和45年、のちに農水大臣をやった佐藤守良《さとうもりよし》という元代議士は、田中に無言の一喝を食らったこんな思い出がある。

時に、当選1回の佐藤は財界主流との付き合いがなく、田中に当時の日商会頭・永《なが》野重雄《のしげお》を紹介、引き合わせてもらったのだった。田中をのちに、「オヤジ」と呼んでいた佐藤の話はこうであった。

「六本木の料理屋。私が約束の時間ギリギリに座敷に入ったら、すでにオヤジが来ていてぶぜんとした顔ですわっていた。オヤジより遅かった私は一言、『申し訳ありません』と畳に頭をこすりつけ、やがて永野さんが現れるまでついぞ頭を上げられなかった。オヤジのあの恐ろしい顔は、無言で私に世の中の〝筋〟というものを教えたと思っている。お前が先に来て、お客さんを待つのが筋じゃないかと。以後、時間の厳しさは私の人生哲学にもなった」

時間に厳しいということでは、作家の三島庄紀夫《みしまゆきお》がまた同じであった。筆者はこの三島とのことで、時間についてのにがい思い出がある。

まだ20代前半の出版社勤務のころ、東京・大森《おおもり》の南馬込《みなみまごめ》の三島邸へインタビューに出向いたのである。私の出身が馬込中学ということもあり、このあたりの地理には自信があったのだが、約束の時間に5分ほど遅れた。

「申し訳ありませんでした」と頭を下げたのだが、文章も生活も一分のスキがなく〝完璧主義者〟だった三島は、浮かぬ顔をしてこう言った。

「キミ、時間を守れぬ人間は何をやっても信用されないですよ。社会は、約束事で成り立っている。時間を守ることは、約束事の第一歩ということです」

〝大三島〟の機先に、その後のインタビューがメロメロになってしまったことを覚えている。と同時に、このショック以後、今日まで、どんな相手との約束でも10分ほどは早く行くことを心懸けるようになったものである。

筆者のような稼業は、新聞、週刊誌などのメディアから、コメントを求められることも多い。喫茶店などで待ち合わせると、20分近くも遅れてやってくるような若いヘンな記者もいる。

「申し訳ありません」の一言もなく、まず「いやあ、今日は暑いですね～」などとくるからまいってしまう。当然、こちらも話に力が入るわけがなく、おざなりのものにしかならない。

ここが大事である。ビジネス、交渉事も、この〝出会い〟ですべて勝負あったとなることを知らなければならない。まさに、第一章でも記した物事は、「3分間が勝負」ということにも通じる。時間にルーズで大成した者は皆無《かいむ》と、胸に刻んでおく必要がある。

三島は、筆者が会った3年後に自刃《じじん》している。11月25日の「憂国忌《ゆうこくき》」が来るたびに、いまでも冷や汗が流れるのである。

⑤ 人への**「悪口は呑み込め」**。自分の頭の上のハエを追うことが先。

プラスになることは何もない

「1人の悪口を言えば、10人の敵をつくる。よほど信用している相手に『お前だけに言うが、じつはアイツは……』とやれば、1日たたないうちに政界に知らぬ者なしとなる。口は堅くなければならない。どうしても悪口を言いたければ、1人でトイレの中でやれ」

田中角栄はよく、若い議員などにこう言い置くことが多かった。

筆者が長く田中を取材して「すごい」と思ったのは、自民党議員、野党議員を問わず、名指しで相手の悪口を言った部分がひとつとして出てこなかったことにある。世の中にはなんともご苦労さんで、他人様の悪口を言わなければ1日が終わった気になれぬ、ときには体調も崩れかねないといった変わったご仁《じん》も少なくない。ところが、田中は、普通の人間でもたまには「アイツには困ったものだ」など愚痴《ぐち》めいた悪口は出るのだが、ロッキード事件で恨み骨髄《こつずい》の三木武夫《みきたけお》首相、稲葉修《いなばおさむ》法務大臣（いずれも当時）にもいっさい、名指しで悪口を言ったことはなかった。

田中と付き合いの長かった政治部記者の、こんな証言も残っている。

「田中はおもしろおかしく政界の人物評をよくやったが、あしざまの悪口は決して言わなかった。ウップンがたまったときは、心の許せるごく一部の身内、側近の前で『あのバカが……』などと愚痴ったり、ゴルフでボールを打つとき『三木のバカヤロー』と口ずさんで気合いを入れたという話はあったが、それ以上のものではなかった」

こうしたことは、田中がロッキード事件を経てなお、絶対的影響力を保持し得た少なからずの要因ともなっている。

また、こんな経緯もあった。

ロッキード事件を機に「風見鶏」の中曽根康弘《なかそねやすひろ》が田中に近づいていると損とばかり、さっそく田中との距離を取り始めた。しかし、田中は名指しでの中曽根批判はやらなかった。ために、機至って田中と中曽根は再び握手、中曽根が政権を握るなかで、田中の影響力温存もまた成ったということだったのである。

こうした例は、単なる悪口という〝日常語〟を決して安易に弄《ろう》しなかったことにより、時期が来て互いの利害損得が一致したとき、再び手を握れる余地が生まれるものだということを示唆《しさ》している。

政界に限らず、ビジネスの世界、一般社会の人間関係もまったく同じであることを知っておきたい。

本来、他人の悪口、愚痴、ウワサ話のたぐいは、女性の〝専売特許〟〝武器〟であった。ある時代の女性たちは自分の生活半径が狭く、自分を語る場所を持っていなかったことによる。ために、「井戸端会議」も生まれている。

ひるがえって、男は自分自身を語れである。自ら語るべき何ものも持たぬから、人の悪口の類《たぐい》に走る。

田中は、こうも言っている。

「(他人のことをとやかく言う前に) まず、自分の頭の上のハエを追ったらどうだ」

壁に耳あり。ほんのちょっとした悪口がさまざまな形で伝播《でんぱ》し、のちにのっぴきならぬことにつながることもある。他人への悪口は、プラスになることは何ひとつなし。やがては自分のところに返ってくると、肝《きも》に銘じておきたい。

⑥

相手との「間と距離」が取れなくてどうする。一本調子では何事も前に進まない。

結局は相手への気配りがあるかどうか

若い、ということは素晴らしい。ものおじがない。多少の失敗も許される。かつて、中国共産党の巨頭・毛沢東《もうたくとう》は「時代は、常に若者のためにある」とも言った。しかし、現実の日本の社会、調子に乗っていると周囲はこの若さを疎《うと》ましく受け取るから要注意と知りたい。

疎ましくされる理由は、相手との「間」「距離」が取れないことにある。一生懸命しゃべるが、話に「間」がないから句読点のない文章と一緒、つかみどころがない。相手が返す余地もまた、ないということになる。さらに、相手が何を考え、自分との「距離」をどのへんに定めているかがわからないから話が一方的になる。当然、相手はうっとうしくなり、もう向こうへ行けという顔になる。

田中角栄は後年、田中派の若手議員の政治姿勢、政治行動をいさめて、こう言っていた。

「人生は、すべて〝間〟だ。お前たちみたいに一本調子、イノシシみたいに直進しようとするだけでは何も前に進まない。〝間〟の取れない奴は、相手にされないぞ」

ここでの田中の「間」は、「距離」と置き換えてもよく、敷衍《ふえん》するなら相手への気遣い、気配りということにもなる。

田中における絶妙な「間」には、よく知られたこんな好例がある。

田中は知人が亡くなると、まず霊前に花を届けさせた。これは多くの人がやり、多くはそれで事終われりである。ところが、この花は1週間もすれば枯れる。田中の場合、そのあたりを見定めてもう一度、新しい花を届けさせる。

遺族は、枯れた花は処分する。仏前は、ちょっと寂しくなった。そこに、田中からまた新しい花が供《そな》えられる。遺族はその気遣いに改めて心の目を開かされ、琴線《きんせん》を揺さぶられるというわけである。まさに、田中ならではの身についた絶妙の気遣い、「間」の取り方と言えた。

ひるがえって、いまの若者。言行ともに「間」「距離」の取れない者がなんとも多い。タクシーに乗る。うしろに車が連なっているのに、止まって降りるときになってようやく財布を出す。バスに乗るときも同様、料金箱の前で初めて小銭入れを出す。待っている車、並んでいる人のことは眼中になしだ。事前に用意くらいしておけということである。

あるいは、リュックを背負ったり、大きなバッグを担《かつ》いで満員電車に乗り、狭い道を堂々と歩く。リュックに胸を押されたり、バッグをぶつけられる人の痛みがわからない。うしろに、目がついていない。自分の〝半径〟が測れないようでは、人間社会の輪の中で何をやっても相手にされないということである。

かつての芸人で、名人、上手と謳《うた》われた話術の達人が多々いた。「間」と、観客との「距離」の取り方が秀逸《しゅういつ》であった。古今亭志ん生《ここんていしんしょう》、徳川夢声《とくがわむせい》、藤山寛美《ふじやまかんび》といった人たちがそうであった。いまの若手芸人の中にも、ときに話術の将来性を買えそうな者もいる。作家の吉行淳之介《よしゆきじゅんのすけ》も対談の名手だった。筆者も好きな作家の一人だったが、対談を読んでいると、各界の練達の士を右に左にさばく話術には舌を巻いたものだ。勘のよさに加え、その勘どころをつかまえる技術が秀逸だったのである。抜群の「間」、対談相手との「距離」の取り方の見事さということだった。それが、芸を何倍も光らせていたのである。

新社会人なら、まず周囲との「間」「距離」の取り方に神経を使ってみることだ。若手のビジネスマンとて同じ。それが社会で伍《ご》していくための「通過儀式」と知っておく必要がある。

⑦「自分の物差しは引っ込めよ」。そのほうが物事うまく運ぶ。

「落としどころ」への近道

昭和44年12月の総選挙で、ときに二十七歳、自民党で初当選を果たし小沢一郎《おざわいちろう》に田中角栄はピシリこう言い置いた。

「まず、身内を知ることに神経を使え。身内のことも知らないで、一人前の口をきいてはいけない。〝自分の物差し〟ばかりで物を言うなということだ。こういうのは、使いものにならない。黙って、汗を流せ。いいところは、人に譲ってやれ。損して得取れだ。そうすれば人に好かれる」

「自分の物差しばかりで物を言うな」とは、前項の「間」「距離」の取り方の延長線上にある戒《いまし》めである。炯眼《けいがん》の田中が、その将来性を買った小沢への「帝王学」第一声ということでもあった。

田中がその小沢に初めてつけたポストは、田中派の事務局長であった。仕事は事務総長のもとでの下働きだが、このポストを踏むと政治というものの輪郭《りんかく》がボンヤリ見えてくる。派内の人間関係を見ていると、政治がいかに複雑怪奇、一筋縄でいかぬシロモノであるかがよくわかるということである。

派内の誰と誰がどういう関係にあり、仲がよいのか悪いのか。某議員本人は甘く、むしろ有能な秘書でもっている。選挙になるとフシギにカネを集めてくるが、やはりスキャンダルのにおいがする。正論はブツがじつは利にさとく、帳尻さえ合えばいつでも「妥協の名人」に変身するなど、身近な人間の裏表がわかってくるポストということである。まさに、「自分の物差しばかりで物を言うな」を教えた田中の、小沢に対する〝親心〟でのポストということであった。

さて、その田中自身は、もとより「自分の物差し」は極力控えた。例えば、田中が自民党幹事長当時に敵対した社会党幹部の、こんな証言が残っている。

「与野党対決法案となると、わが方の書記長、国対委員長のところに、田中幹事長からバンバン電話が入る。昼夜、場所も問わずだ。『オレが責任を持って、譲るべきところは譲る。欲しいところがあれば、何でも言ってくれ』ということだった。〝田中手法〟は与党への目配り3、野党へは7という姿勢だった。ために、敵対関係にはあったが田中ペースに乗せられ、結局は対決法案を押し切られることも多かった」

ここでは、田中は「自分の物差し」を捨ててかかったということだった。ために、「日韓条約」「健保法改正」から、大学紛争収拾のための「大学運営法」「沖縄返還協定」まで、至難の党運営に成功したということである。

一方で、ビジネスマンには社内論議あり。これは正論だ、なんとか通したいと思うことも多い。そうであれば、一度「自分の物差し」を引っ込めてみることだ。そのほうが、道が拓ける確率が高くなる。議論の余地を残すのである。「自分の物差し」を引っ込めることは、物事の落としどころへの一番の近道ということである。

⑧「誠心誠意」は人との接し方の基本。いざというとき必ず救いの手が伸びる。

作為は必ずボロが出る

「誠心誠意」という、最近はあまりお目にかかれない言葉がある。言の葉にのぼるとちょっぴり気恥ずかしいゆえか、あるいは雑駁《ざっぱく》な時代が押し流してしまったのか。これは、筆者にはよくわからない。

しかし、「誠心誠意に勝るものはなし」は、いまだ生きていることを知っておきたい。心から詫《わ》びれば許さない者はないし、人のためにほどこせば陰から拍手をしない者はいない。かたくなな彼女も平身低頭〝お願い〟し続ければ、身も心も解き放ってくれるというケースさえある。情にほだされる、というヤツである。

この「誠心誠意」を人との接し方の基本とし、「来る者は拒《こば》まず、去る者は追わず」の姿勢を貫《つらぬ》いて人脈形成につなげたのが、また田中角栄であった。

「世の中、本当のワルなんてひと握り。人と接する場合、まず相手への先入観、自分が持つ敵対意識、被害者意識を捨て、誠心誠意でかかることだ。そうすれば、人と人を結ぶ新たなキッカケが生じる」という言葉になっている。

ために、もともと人に頼まれ事をされるのが嬉しくてたまらなかった田中は、拒まずにひたすらこれを実行した。秘書などが相手を勘案、「会わなくてもいいのでは」と口添えすると、「いいから連れてこい」が常であった。とにかく、シタタカな政治家相手は別にしても、すべからくに誠心誠意で人に臨んだ。

自民党旧中曽根派の若手議員の秘書だった人物が、こんな話を残している。

「昭和54年2月、議員の地元の青年たちが上京してきて『ぜひ、田中先生に会わせてもらえないか』という。しかし、先生は風邪で39度の熱。それでも事情を説明すると、田中先生いわく『かまわん、連れてこい』の返事があった。結局、目白のお宅の庭で会うことができた。『新潟から昨晩帰ってきてね。昔、母から聞いたように、白ネギを首に巻いて、タマゴ酒を飲んで布団にくるまっておったんだ。それで、だいぶよくなった』から始まり、じつに40分間、青年たちに政治とは何かを諭《さと》すように話された。青年たちは先生の風上に立ち、風に当てぬようにして話を聞いたものです。誰もが大感激の体《てい》でした。うちの代議士は田中派じゃありません。それでもこの一生懸命さ、誠心誠意、田中人気の秘密を見た思いがしたものです」

ひるがえって、バブル崩壊以後の現象として顕著《けんちょ》だが、企業の不祥事などが露見《ろけん》すると、記者会見の場で社長など以下幹部が打ちそろって「どうもすみませんでした」と、いっせいに頭を下げる光景が流行、蔓延《まんえん》している。しかし、テレビの画面から伝わる彼らの謝罪は、誠心誠意からは伝わって来ない。当然だろう。事前にリハーサルまでしての〝通過儀礼〟の認識にすぎないからである。

その証拠に、裁判にでもなれば、この〝謝罪〟とは裏腹に手のひらを返しての抗戦が常道である。誠心誠意とは無縁、なんとも悪い傾向がはびこり始めたものだとも思っている。謝れば、事済む。年少者犯罪の増加と、必ずしも無縁でもあるまい。知らず知らずのうちに、若者たちはテレビの画面からそうしたことを受け取るのではないかという危惧がある。

「誠心誠意に勝るものはなし」。人脈拡大に資するという一方で、いざというとき、こういう人物には必ず誰かが手を差し伸べてくれる。世の中、捨てたものじゃないのである。

ただし、作為のそれはダメ。どこかで、必ずボロが出るということである。

⑨

「将を射んと欲すれば先ず馬を射よ」。「角栄マジック」の極致を学べ。

相手の奥さんへの気配り

田中角栄という人物は、男にも女にもすこぶるモテた。男にモテる（ヘンな意味ではない）男はおおむね女にもモテるが、女にモテる男が男にモテるとは限らない。女にはモテるが、同性にはサッパリ相手にされないという男は少なくないのである。世の中の面白いところでもある。

男はアンポンタンの男を認めることはないが、女はそれは別問題とイソイソと尽くすから、脳ミソのつくりが違うことは歴然としている。

さて、田中。卓越した政治的能力、絶大な権力、カネは切れる、人心収攬術《しゅうらんじゅつ》の達人とくれば、近寄る男は山のようにいて当然だが、女も常に波のように次々と押し寄せたのだった。

全身からヘタな俳優など足元にも及ばぬオーラを発していたことを知るが、若いころから女性への気配りも抜群だったことが特筆される。それも取ってつけたものでなく、誠心誠意が感じられるから、女性にはなんともたまらなかったようだ。例えば、こんなエピソードがある。

昭和30年、田中が30代半ばの陣笠《じんがさ》代議士のころ、当時の地元・新潟３区（中選挙区当時）内に「中永線《ちゅうえいせん》」という舗装道路を完成させた。この道路完成により、僻地《へきち》から住民はわざわざ山をひと回りして長岡《ながおか》の市街地に出る困難から救われることになったものである。

その完成を祝う完工式の予算が60万円出たが、田中は「式は簡潔でいい。切り詰めてオレに半分使わせてくれ。道路で世話になった人に使いたい」と申し出、半分の30万円をなんと男もの女もの合わせて、すべて反物《たんもの》を買ってしまったのだった。当時の30万円は、現在なら、４００万円から５００万円ほどの価値がある。

反物の男ものは建設省の役人、女ものはその奥さんへのお祝いのプレゼントということだった。

田中の人心収攬術がナミのものではないのは、ここからである。

当時の新潟3区の田中の後援会「越山会《えつざんかい》」幹部は、こう言って驚いた。

「先生は呉服屋に反物を山のように持ってこさせ、『アイツはこれだ。こっちのほうが似合うか』などと言いながら、自分で色や柄《がら》を選んでいた。事前に、役人本人、奥さんの年齢、容姿などを調べたうえでというのが凄い。反物はもらっても、似合わなければ、ありがたみというものは半減する。なるほど、人に喜んでもらうには、ここまでしなければいけないのかと思い知らされたものです。やるときは何事も誠心誠意、手を抜かない。先生の人気の秘密がよくわかったものです」

こんなエピソードは、ほかにも山のようにある。

さて、ビジネスマン諸兄についてである。

例えば、年始回りやお盆休み。上司から、「たまにはうちに遊びに来い。一杯やろう」などと誘われる部下もいるかもしれない。しかし、手土産に酒の1本ではあまりに芸がない。

この際、「奥さんに目を向けよ」である。事前に奥さんはどんなタイプかを聞き込んでおき、ちょっとした小物でも持っていったほうが、よっぽど〝効果バツグン〟であることを知っておくべきだろう。デパートの女性店員にでも相談すれば、ちゃんと選んでくれる。

キミが帰った後、上司の奥さんはこう言うに違いない。

「あの人、若いのになかなか気が利いているワ」

カミサンが喜んでくれて、不愉快な亭主はいない。同じ1万円を投じても、3万円くらいの効果が出る。次の日から、キミを見る上司の目も変わってくる。

「将を射《い》んと欲すれば先《ま》ず馬を射よ」という言葉もある。心配り、気遣いとは、こういうことを指す。「角栄マジック」の極致を学べである。ボケッとするな、アタマを使え。そのあたりができなければ、出世などとうていムリということになる。

⑩

「相手の経歴」は、暗記してでも頭に入れよ。信頼感、親近感が得られる。

「平民宰相《さいしょう》」原敬《はらたかし》の凄いテクニック

商売相手、交渉相手の経歴を事前に調べておくことは、かなりの成果を生むことを知っておきたい。

例えば、総理大臣になる前の田中角栄は、各中央省庁の課長以上のすべての「調査ファイル」を作成していた。名前、生年月日から、学歴と経歴、趣味は何、結婚記念日はいつか、子供は何人でどこの学校に通っているか、どこの省庁の誰と仲がいいか、どの政治家とパイプがあるかなどが克明に調べ上げられ、ファイル化されていたのである。しかも、これを大筋ではおおむね暗記していたのだった。

一方、その田中に負けず劣らずが、例によって竹下登元首相であった。代議士になってからも役人に対するこうした「角栄流」を踏襲《とうしゅう》していたが、さかのぼって島根県会議員時代にして、はや全県議の経歴はもちろん、県庁の課長以上の職員すべての顔写真と経歴を頭に叩き込んでいたのだった。

で、田中、竹下の2人、これをどう〝応用〟したのか。筆者の取材では、こんな証言が残っている。

田中については、こうである。

「大蔵大臣のときもそうだったが、若手の課長あたりと廊下ですれ違うと、『おう、○野△夫君。□月×日は結婚記念日じゃないのか。こんど一度、奥さんを連れて目白のほうに遊びに来いや』とヒョイとやる。そりゃあ、課長は悪い気はしない。面と向かって話をしたこともなかった大臣に突然フルネームで呼ばれ、なんと自分の結婚記念日まで知っているとはどういうことか。誰でも自分に興味を持っていてくれる人には親近感がわく。信頼されているのかとも思うのが人情です。大臣としての能力も抜群だったが、この手で田中が次々と省内に〝ファン〟を増やしていった側面が少なくない」（当時の大蔵省担当記者）

竹下は、どうだったのか。

「県議時代の2期目に入るころには、頭のいい竹下はすでに県予算すべてのノウハウを熟知、勉強不足の先輩議員の〝知恵袋〟となっていた。こうした議員から『この補助金はどの課に行ったらラチが明くのか』などと聞かれると、たちどころに『生活課の○山△郎課長のところへ行けばいいです。私が電話を入れておきます』とやる。○山課長の経歴から、どのような人脈をたどって上に行き、この補助金が陽の目を見るかをすべて熟知していたということです。

また、その後のフォローも手抜かりなく、後で○山課長のところに自ら足を運び『君が一生懸命やってくれたので、僕もメンツが立った。感謝している。困ったことがあったら、いつでも言ってきてください』と手を握って頭を下げる。手柄を部下に与えるのも忘れていない。○山課長も竹下議員の覚えめでたいで、悪い気の起ころうはずがない。こうして竹下は県庁全体に人脈を広げてしまった」（当時を知る地元記者）

相手の諸々の経歴を知っておくということは、そこまでオレのことを知っていてくれたのかという親近感、信頼感とともに、相手にはそこまで知られているんじゃ負けたナ、という気持ちも起こさせる。中国の春秋時代の兵法書『孫子《そんし》』にいわくの、「敵を知る」という必勝法にもかなっているということである。往時を知る仲間が集まる同窓会で、「オレ」「オマエ」で言いたいことを言い、何のわだかまりも残らないのにも似ている。往時すべからくを知られてしまっているから、お互いの垣根は存在しないということである。

このように、例えば昼間のビジネス交渉が平行線でも、夜一杯やる機会の中で「わかった、わかった。しようがないナ、アンタの線でまとめよう。乾杯だ」というケースも大アリだということである。

ちなみに、相手の経歴はむろん、フルネームで名前を覚え、駆使することで人心収攬術としたのは、大正時代のわが国10人目の総理大臣だった「平民宰相」の原敬であった。原は自分を支持するすべての県市町村議会の議員のフルネームを、すべからく暗記していた。選挙の手足となる彼らを、ことのほか大事にしたのである。

しかし、人間は物忘れもある。会った際にままフルネームが出てこないときは、どうしたのか。

田中角栄はよく、次のような手を使っていた。

「やぁしばらくだな。元気か。アンタの名前が出てこない……」「佐藤ですよ」「そんなことはわかっている。ジイサンが村長のころからの付き合いだからナ。バアサンは若いころは村一番のベッピンだったナ。下のほうの名前だ」「庄一です」「そうだ。思い出した。佐藤庄一さんだった。息子さんが2人いたナ。もう嫁ももらっただろう」

なんていうことはない。フルネームすべてを忘れてしまっていたのだが、下の名前だけを忘れたフリをして、フルネームを引き出してしまうという凄いテクニックである。あとは超頭脳、そうだ息子が2人いたなどの記憶もよみがえってきて、相手との距離を一気に埋めてしまうのである。この手はじつは原敬がよく使った手、田中もこの〝手法〟をマネていたということだったのである。

オレは相手の経歴まで暗記できるほど頭がよくないと思っているなら、せめて相手のフルネームを覚えておくことだ。使ってみると、意外と効果があるのである。

⑪

「表現は簡明をもってベスト」。 哲学者デカルトいわく「考え抜かれたことはきわめて明晰な表現をとる」。

真理は常に簡明である

「話をしたいなら、初めにまず結論を言え。理由は、3つに限定しろ。世の中、3つほどの理由をあげれば大方の説明はつく」

田中角栄と話をする場合、話し相手は〝鉄則〟を守る必要があった。田中は、まず多忙である。頭の回転速く、1を言えば10、いや20くらいは悟《さと》ってしまう人物である。もともとがセッカチ、合理主義者だ。ダラダラした話などは聞いていられない。ために持って回った言い方を嫌ったから、それを呑み込んでおく必要があったということである。

田中と日ごろ接触する議員、秘書たちはそのへんをよく心得ていて、何よりもまずその〝鉄則〟を守った。そうした簡潔なやりとりの後ただちに返ってくるのが、田中の代名詞ともなった「ワカッタ」の一言だったというワケである。

こうした「角栄流」は手紙、電話においても同じで、例えば次のように手紙の内容もきわめて率直、簡潔、事務的である。拝啓、謹啓、敬具などは、いっさいなしというのが特徴である。
一、お申し越しの件、調査の結果、解決策は次の三案しかありません。
一、この三案の利害損得は、左の通りであります。いずれを選ぶかは、貴殿のご自由であります。
一、何月何日までに本件に関して、ご返答をわずらわせたい。
若いころのラブレターの類《たぐい》も、また同じであった。「何月何日何時。どこそこにて待ち合わせ。何時までは会える」と、じつにソッ気ないのである。田中いわく、「愛してるだの夜眠れないだのは、会ったとき言えばいいじゃないか」と、なんとも〝合理的〟このうえなかったのだった。

「我惟《われおも》う。故に我在り」で知られるフランスの哲学者にして数学者のデカルトも、「よく考え抜かれたことは、きわめて明晰《めいせき》な表現をとる」と言っている。意余《あま》ってか、あるいは「デカルト流」に言えばよく考え抜かれていないからか、説明はよくするがなかなか結論の見えてこないビジネスマンも少なくない。要領を得ない話をして、交渉事がうまくいくわけがないのである。ましてや、例えば真夏の蒸し風呂のような季節、結論の見えない話などは誰が耳を傾けるかである。言うなら、こうした角栄流簡明説得術を心して、決して損はないということである。

第一章で、物事は、「3分間が勝負」と記した。森羅万象《しんらばんしょう》物事のポイントは、枝葉を取れば意外と簡明にできているということを知りたい。長話が嫌われることと、一脈通ずるのである。

加えるなら、田中には「早メシができない奴に、ろくな奴はいない」という〝名言〟もある。いまどきそんなことを言ったら笑われるという向きもあろうが、少なくとも若いうちに食事に時間をかけているようでは、会社での出世などはおぼつかないとも知りたい。若いうちだからこそ、やることはいっぱいある。スピード感をもって、物ごとをどんどん吸収すべきというのが田中の考え方であった。年を取ってはできないことを、人間はある程度の年齢になると初めてわかる。それでは、遅いということである。

彼女からメールは来てはいまいかに神経をスリ減らし、ニタニタと携帯の長電話ばかりやっているような男に明日はない。時間は、若いうちこそ有効に使えである。真理は常に簡明である。表現も、簡明をもって最上としたい。人生また、諸々《もろもろ》、簡にして明がいいようである。

⑫ 「5月病患者」には特効薬がある。竹下「おしん流」が役に立つ。

「人生の命題」を出すには時間がかかる

毎年、4月下旬から5月上旬にかけての大型連休が終わると、決まって「5月病」なるものがはやりだす。

4月入社の新社会人の中には、「アテがはずれた。オレにはこんな仕事は向いていない」「人間関係がうっとうしい。会社へ行くのがイヤになった」という社員が出てくるということである。結果、転職に走るか、フリーターになる。あるいは、すっかり世をすねてニートに〝転身〟してしまう者もいる。

こうした傾向には「瞬間的鬱病《うつびょう》」との病理診断もあるが、〝贅沢病《ぜいたくびょう》〟〝ワガママ病〟も相当あるようにみえる。

人生は平板なトラックレースにあらず、ハードルのレースである。スタートを切れば早くも目の前にハードルが立ち、視線をやればハードルはその先に林立、跳び越え跳び越えようやくゴールして初めて人生のまっとうということになる。新入社員となって、たった1ヵ月で仕事、人生の命題の結果などが出ることなどひとつもないのである。

どう乗り越えればいいのか。辛抱、我慢しかない。生きるということは、すべてここに収斂《しゅうれん》されていると言って過言ではない。離婚ばやり、また同じである。好きで一緒になったのだから、自分の我を抑え、相手に譲らなければならないのは当然なのだ。妥協、である。妥協とは、辛抱、我慢と〝同義語〟と知りたい。

こんなことは百も承知の田中角栄が、終生、遠ざけ続けたのが竹下登元首相であった。先にも触れたように、田中にとってはやはり〝人間通〟の竹下に対する近親憎悪的な感情が、常についてまわったということであった。

さて、その竹下は自己宣伝いっさいなし、辛抱、辛抱、また辛抱に「気配り」、さらに「カネ配り名人」も加わって最後は天下を掌中《しょうちゅう》にしてしまった人物だ。例えば、自宅で深夜、トイレに立つとき、夫人に水洗の音は迷惑だろうと寝室のある2階のトイレを使用せず、わざわざ1階に下りて用を足したというエピソードもある。そのくらいの「気配り」の人でもあった。そのうえで、「まず、相手の物差しに合わす」「汗は自分で、手柄は人に」「おのが力と思うなよ」というのが、政治家生活の中での一貫した姿勢であった。下積み生活をいとわず、与えられた仕事に全力を尽くしたのもまた特徴だったのだ。

一方、竹下ほど不遇期間、下働きの長い政治家も珍しかった。

いまの政務官、当時の政務次官は早い者で当選1回生がつくが、竹下は3回生でようやく通産政務次官就任である。下働きである国会対策副委員長ポストもじつに6期5年の長きにわたり、ついぞ委員長になることはなかった。

その後も副幹事長、幹事長代理として幹事長を支え、佐藤《さとう》（栄作《えいさく》）、田中（角栄）両内閣で官房長官として入閣はしたが、ともに内閣が終わる前の「幕引き官房長官」の立場で、自らの力量、存在感の発揮は封じ込められた格好だった。さらに、三木（武夫）内閣では建設相にはなったが、これとて在任中の大臣急死での短期ピンチヒッターといった具合だったのである。

もっと言えば、福田（赳夫）政権では閣僚経験者だったにもかかわらず異例の格下げで、自民党全国組織委員長という不遇ポストに封じ込められたのだった。

この間、じつに30年、ようやく大平政権下で衆院予算委員長ポストについたのを皮切りに、以後ようやく蔵相、幹事長と主流の流れに入り、ついに天下を取るに至ったということだった。

竹下の国会議員としての転変の生きざまは、ビジネスマンのそれにじつによく似ている。不満なポスト、やっかいな上司、しかし与えられたそれぞれのポジションで全力を尽くして着実に実績を上げ、やがて上の評価を盤石《ばんじゃく》なものにしていかねばならない例としてである。

最近のある調査では、「5月病」をクリアしても、大卒の3割、高卒の5割が3年以内に退社しているという驚くべき結果も出ている。特効薬は、辛抱、我慢というささかニガ味の強い薬を飲み下してみること以外にはないようである。ようやく、目が覚めるかもしれない。

⑬

「不満男」はどこにいても不満のネタを探す。黙々と汗してみたことがあるか。

栄枯盛衰は人生の常

文句とイライラがスーツを着ているような、「不満男」がいる。人事、上司と部下の関係、社内の空気などあらゆることが気に食わず、愚痴と不満タラタラで1日の大半を眉間《みけん》にシワを寄せているご仁《じん》である。

まぁご苦労なことではあるが、田中角栄はこうした人物を最も嫌った。黙って仕事に汗をかく男を、登用、使った。

若き日の小沢一郎を買っていたのも、そのあたりに理由がある。いわく、「アイツはいい。黙々として人のために汗を流している。愚痴は言わない。こういう奴が伸びる」。

また、こんなことも言っている。

「官僚でも局長、部長以上になると、すでに天下り先を見ている。遮二無二《しゃにむに》、働こうという気は薄い。ときとして、理屈、不満が先になることが多い。そこへいくと、課長、課長補佐クラスは理屈、不満を言わず仕事熱心だ。だから、オレはいつもそちらのほうにより目を向けている」

黙々と汗している者は、必ず誰かが見ているということのようだ。

あるいは、早稲田大学の某サークルの学生たちのインタビューを受けたときは、こう答えたこともある。

「君たちね、自分の置かれている立場を、ありがてェことだと思わんとダメですよ。寝言を言ったり不満ばかり言ってる奴は、人生終わるまで不満を抱き続ける人間になる。社会が悪い、他人が悪い、政治が悪いなんて言って、いったいナニがあるんだ。人に貢献できるようになってから言うべしじゃ」

要するに、自分のことばかり考え、愚痴と不満ばかり抱えている男、苦しいときに逃げることばかりを考えている男などは、信頼に足らない使いものにならないと切り捨てている。

ロッキード事件など〝派閥危機〟も多々あったなかで、いち早く田中派を逃げ出そうとした議員もいたが、田中は以後そうした議員を登用することはなかったのである。

さて、一貫して愚痴と不満の処世を拒否、波瀾万丈《はらんばんじょう》の人生を送った大正から昭和初期の総理大臣に、高橋是清《たかはしこれきよ》という人物がいた。わが国の資本主義をリード、「2・26事件」で命を落としたが、その生き方はきわめて誠実だった。

その高橋も、田中同様「不満男」にアブラ汗を流させるに十分、こう言っている。

「仕事を本位とすれば、その仕事がどうであろうとも、いかに卑《いや》しく簡単であろうとも、ただ一心に務めるばかりである。こうすれば、どこにも不平の起こるべき原因がない。（他人が）よき地位にのぼったとて、われを忘れて失望、落胆することもない」

「栄枯盛衰は人生の常。順境はいつまで続くものではなく、逆境も心の持ちようで、これを転じて順境ならしめることができる。心構え一つ」

「不満男」は不満が1つ解消されると、またすぐ次のネタを探す達人だ。これでは、人が寄ってこない。ストレスをためるだけで、身体にもいいワケがない。得することは、何もないことを知るべし。

⑭

「酒は身銭で飲め」。真剣勝負になる。得るものが大きい。

交際費ばかりではバカになる

田中角栄ほど人からご馳走《ちそう》になる、すなわちタダ酒を飲むことを嫌った人物はいなかった。若いころから、ひたすら人との対応、対峙《たいじ》には〝身銭〟を切り続けたことが発見できる。

どういう考え方なのか。長く田中のそばにいた早坂茂三《はやさかしげぞう》元秘書に尋ねたことがある。早坂の弁は、こうであった。

「2つある。1つは、あらゆるところで人に借りをつくることを嫌ったから。2つは、身銭を切ると自分が額《ひたい》に汗したカネだから、人との話も真剣勝負になるということ。他人のカネやおごってもらった場合は、そのへんにユルみが出る。〝遊び〟が出るということだ。何事にも全力投球のオヤジ（角栄）は、〝遊び〟で終始することには我慢できなかった。得るものがない、という考え方だった」

「ために、田中派の若手議員には他派議員とマージャン卓を囲んでいれば、「勝ってはダメだ。振り込んでやれ。負け金はオレが払ってやる」と〝厳命〟していたし、大蔵、通産両大臣のときでも「大臣交際費」にもビタ一文、手をつけることがなかった。こんな大臣は稀《まれ》で、自分の次の選挙運動のために使ってしまう大臣も少なくなかったのである。しかし、田中はすべて次官以下に任せて「君たちが必要なときに使え」であった。官僚たちにとっては自分たちの飲み食いはタダ、そのうえ上の者は部下にいい顔ができるため、まさに〝角栄様々〟だった。こんなところにも、官僚が田中にヒレ伏した原因の1つがある。

ひるがえって、世の中には身銭を切るくらいなら寝ていたほうがマシ、ひたすら経費、交際費で酒を飲み、遊び回っているご仁も少なくない。田中の考え方を敷衍《ふえん》すれば、こうした手合いはそのうち間違いなくバカになるということになる。痛みをともなう身銭を切らないから、〝交際〟はしょせん遊びで終わり、真剣勝負の酒にならないからだ。安全地帯にいて何を叫んでも、これは真剣勝負とは無縁であるということである。

物の本質、事の神髄に迫るには遊びではしょせん無理、観察者、傍観者の域から出ることはないと知るべきとしている。

筆者は30代に、一度だけかなりバカをやったことがある。出した本が売れ、印税がシタタカ入ってきたのにスッカリ頭に血がのぼり、これをわずか1年余で夜の銀座、赤坂、歌舞伎町あたりでキレイに使い果たしてしまったのだった。「今晩は空いているんだけど……」などと、夜毎、ご相伴《しょうばん》の〝催促《さいそく》電話〟をしてくる官僚、政治家秘書、新聞記者らは連日である。彼らと2次会、3次会……、ときには店の女の子、なかには顔見知りの客までついて次の店に行くのだから、〝ミニ勝新《かつしん》〟(!)である。結果、翌年の税金をヒイヒイ言いながら払うハメになった。それこそ、1日の食事はすべてラーメンと立ち食いソバという日も少なくなかった思い出がある。

しかし、大バカはやったが、残ったものもあった。原稿と格闘して手にした印税、額に汗した身銭である。自分のカネだからこそ、遊びも真剣勝負ゆえ、彼らの素顔をのぞいてやろうという気持ちも強くなる。ふだん気付かなかったそうした人物の裏表に目がいく。要は、「人間」を見る機会に恵まれたということだった。恥ずかしながらのこんなつたない文章の1つも書くことができるようになったし、まさにその後の人生の授業料、〝栄養費〟だったの思いがあるのである。いまは、あの大バカを経験しておいてむしろよかったとの思いがある。

若い読者は、カミサンを〝質〟に入れても、一度は身銭を切って大バカ遊びもいいかもしれない。「ウチのは質屋も取ってくれないから」などとナゲく向きは、あきらめたほうがいい。また、男も40代になったらやめたほうがいい。単なる、〝狂い咲き〟で終わりかねないからである。若いからこそ、吸収するものが多いということである。

経費、交際費と、身銭で飲む真剣度の違い。「角栄流」を、ちょっぴり考えてみてもいいかもしれない。筆者について言えば、青春いくときぞ、往時茫々《ぼうぼう》の感に浸ってもいる。

⑮

「カネのスキャンダルは回避せよ」誰も守ってくれない。命取りになる。

酒とオンナの失敗はまだ救われる

人間には、もとより誰でも失敗がある。仕事も家庭もまずは平穏な日々も、ある日、突然、酒、オンナ、カネなどの問題で苦境に立たされることがある。本意でなくても、「魔がさす」「巻き込まれる」ということもある。

これがビジネスマンなら、アッという間に会社全体に広がり、出世とは無縁が約束されてしまう。「復権」への道はあるのか。あるとすれば、それは何か。田中角栄に、好例がある。

ご存じ、田中の生涯の大ピンチ、ロッキード事件である。

逮捕後、社会党と共産党が田中に対する議員辞職勧告決議案を提出した。自民党の中にも、「渦中の人物を抱えていることは、選挙にでもなれば大迷惑。できたら議員を辞めてもらいたい」が本音の議員が少なからずいたのである。

場合によっては可決となりかねず、田中にとってはまさに窮地《きゅうち》である。この決議案というのは可決されても必ずしも辞めなくてもいいが、総理大臣までやった人物が立法府から「辞めろ」と勧告されるのはメンツもある。また、バッジを外せばたちどころに政界への影響力は消え、とりわけ田中にとっては来るべき裁判にも微妙な影響をもたらしかねないという状態だった。

どうなったか。

結局、自民党はこの決議案を〝たなざらし〟とすることで採決へ持っていかず、社会党またこれに強く抵抗することもなかったのである。田中はひとまず、窮地を脱することができたのだった。

なぜ、このようにウヤムヤになり、結果として田中を救うことになったのか。ズバリ、田中の与野党スミズミまでの人脈、その質と量がこれをさせた。

田中は昭和22年に初当選したその日から、巧《たく》み巧まざるの人心掌握術《しょうあくじゅつ》を発揮、人脈づくりに励んできた。それが、生きたということだった。自民党内には、田中派のみならず「本籍・田中派、現住所・他派」という〝隠れ田中派〟議員が溢れるようにいたし、社会党にも国会対策を通じて田中と気脈を通じていた議員が少なくなく、国民向けのポーズとしてもともとヤル気なしの決議案を提出してみせたにすぎなかったということだったのである。

対して、20年近く前、いずれも東京佐川急便との金銭スキャンダルにからんだ細護熙元首相、金丸信《かねまるしん》元自民党副総裁の大物2人は、結局〝助け舟〟が出ず、最後は議員辞職を余儀なくされている。つまるところ、真の人脈の脆弱《ぜいじゃく》さによるものと言ってよかったのである。

かく、ピンチ脱出には人脈が不可欠ということである。ビジネスマンなら、信頼に足り肝胆相照《かんたんあいて》らす上司、同僚の強い〝援軍〟があって、初めてこうした「復権」へのチャンスを手にすることができる。あとは、手がないと知るべきである。キレ者であまり人が近寄らぬ一匹狼タイプは、こういうピンチにもろさを露呈《ろてい》してしまうケースが多いことも知っておきたい。

そして加えるなら、酒、オンナ、カネの不祥事の中で絶対に避けなければならないのはカネであることを知るべきである。

酒やオンナは、ときに〝武勇伝〟で済まされることもあるが、会社でのカネにまつわるスキャンダルは常に尾を引く。致命傷になる。もっとも、酒もオンナも度合いの問題はある。ヤリすぎは、さすがに人脈でも守りきれない。ことカネに関することだけは、きれいすぎるくらいでちょうどいいようである。

⑯

「成功するウソと失敗するウソ」。「大義」があるかどうかが分かれ目。

自民党結成への大バクチ

一般的に、ウソはいけないとされる。ウソをつく奴は、おおかた排除される。当たり前である。

しかし、誠心誠意つくウソは、ときに受け入れられることがあることを知っておいてもいい。ここで心しておかなければならないのは、そのウソに「大義」があるかどうかとなる。「大義」とは私心がなく、社会的正義に基づくという意味合いがあるかどうかだ。社会的正義には、人は誰もがいちおうは耳を傾《かたむ》けざるを得ない背景があるということである。

田中角栄は自民党幹事長や政調会長時代、「国家、国民のためには不可欠」という「大義」でしばしば誠心誠意のウソをつき、野党を説得、いささか強引に自民党の政策を進めていった。

したがって、その配下にも〝ウソの達人〟は多士済々《たしせいせい》、田中派からの総理・総裁候補の1人でもあった防衛庁長官などを歴任した江崎真澄《えさきますみ》などは、その筆頭格でもあった。

江崎は持論を持ち味の論理性で駆使し、かつそれに「大義」をまぶし、さらに聞き手を笑いに誘い込み、ついには丸め込んでしまう達人であった。それこそ江崎が「カラスは白い」と言えば、ホントにカラスは白い鳥であるように聞こえてしまうという演説名人でもあったのである。

もう1人、この「大義」を駆使して〝ウソの達人〟ぶりを発揮、田中が「三木《みき》のジイサン」として敬愛していた昭和20年代から30年代前半に活躍した三木武吉《ぶきち》という政治家がいた。三木は元弁護士、骨に皮のくっついた痩躯《そうく》だったが気骨これあふれ、「謀将《ぼうしょう》」「雄弁家」として人物を大きく見せていた。

その三木が生涯最大のバクチを打ったのが、当時の保守党である民主党と自由党との合併であった。鳩山《はとやま》（一郎《いちろう》）政権下の民主党総務会長だった三木の念願は、事あるたびに衝突するこの保守両党を合併させ、安定した保守勢力を構築することにあった。

三木はこの必要性を「大義」とし、ウソを徹底的につきまくったのである。所属の民主党からの異論、反対論をウソで固めて説得した。一方で、合併への自由党の交渉の窓口となった大野伴睦《おおのばんぼく》（元副総裁）とは、丁々発止《ちょうちょうはっし》のダマシ合いである。三木と大野はもともと〝犬猿の仲〟で知られ、三木は大野を「雲助」と呼び、大野また三木を「タヌキ」と公言してはばからない仲だった。

しかし、三木「タヌキ」は最終的に大野「雲助」を丸め込み、両党からの異論、反対論を押さえ込んでこの合併を成功させた。「大義」を前にしての、ウソも方便ということだったのである。

昭和30年11月15日、ここに「保守合同」なって現在の自由民主党が誕生したということであった。その自民党は今年で結党57年目を迎えたが、この間、大筋では国の舵《かじ》取《と》りをまっとうしたものの、政権交代で下野して以後はすっかりかつての勢いがなくなってしまっているのはご案内のとおりである。

かつて、ヒトラー側近、片腕として政権を支えたゲッベルス啓蒙《けいもう》宣伝大臣は言った。

「ウソも毎日つけば真実になるのだ」

しかし、ゲッベルスは誠心誠意ウソはついたものの、「大義」には大なる曇《くも》りがあった。やがて、「ヒトラー帝国」が崩壊の命運をたどったのは言うまでもなかった。

「大義」の欠けたウソは、必ず恨み事を残して化けの皮がはがれる。

ビジネスマン諸兄も、ときに一世一代の大バクチを打たねばならないこともある。ときに、誠心誠意のウソもつかねばならないことがある。ただし、「大義」なきそれは、失敗が必然と心得るべしである。

第四章 傑作選・田中角栄ちょっといい話

新潟の洪水に主計局長同行で駆けつけた田中大蔵大臣

「カネの心配はいらんッ」

昨年3月11日発生の東日本大震災の民主党政権の対応はなんとも右往左往が目立ち、震災復興、原発処理を含めた〝政治の停滞〟は目をおおうものがあった。何もかもの対応が遅々としていた。

対して、危機に直面した時のかつての田中角栄の決断、実行力はなんともスピード感に満ち満ちていたのだった。

筆者が、新潟で取材したこんな2つの証言がある。

「あれは田中先生が大蔵大臣時の昭和39年7月だったか、信濃川に流れ込む破間川が氾濫して付近住民に被害が広がった。ところが、田中先生、新幹線がまだ通っていない中、氾濫して半日もたたないうちに上越線に乗り込んでのなんとも素早い現地入りでした。ゴム長靴姿でしたね。

そばに、ピタッと主計局長の相沢英之さんが付いていた。相沢さんは女優の司葉子と結婚した男。大蔵大臣と国家予算に絶大な力を持つ主計局長の2人が田舎の洪水にかけつけるという異例です。なんともべらぼうなこんな話、聞いたことがない。河川の改修から住民の移転補償などが、あっという間に片付いたのは言うまでもなかった」（新潟県の地元記者）

「田中先生が自民党幹事長の時でした。しょっちゅう氾濫していた加茂川が、また氾濫した。その翌日、作業服、ゴム長靴で先生がやって来られた。加茂市役所の市長室に陣取ると、ただちに当時の吉田という市長に檄を飛ばしていた。『カネの心配はいらんッ。まず、防疫が先だ』と。〝市長兼務〟のおもむきがありました」（新潟県「越山会」加茂市連絡協議会会長・時田孝策）

「危機」に際しては、まず求められるのがリーダーの率先垂範、陣頭指揮。東日本大震災発生時、首相は菅直人だったが若い頃から菅は田中批判の急先鋒だった。批判するより、田中の爪のアカでも煎じて飲むほうが先だったのである。

■小学校恩師の「田中備忘録」

「教師の待遇改善をやってくれた」

新潟県刈羽郡西山町の田中角栄の生家のすぐ裏手の松ヶ丘という小高い丘の上に、田中の出身校である二田尋常高等小学校（現在の二田小学校）がある。田中は小学校1年から6年、その後の高等科の2年を含めての計8年間をここで学び、その間、級長を務め続けた。成績は抜群だったわけだ。

そうした中で、小学校の4年1学期から5年1学期までを担任したのが金井満雄先生だった。筆者はその金井先生から、当時の「角栄少年」の思い出、政治家になったあとの交流を次のように聞いたものだ。

「当時、二田村（現在の西山町）あたりにはチョンガリと呼ばれた浪曲の興行がよくかかった。田中は何度となく『先生、チョンガリを見物に連れてってくれ』とせがんできていた。ところが、チョンガリの興行は夜と決まっているから、なかなかおいそれとはいかなかったが。ついに根負けして『お母さんと一緒ならよかろう』という条件つきでオーケーを出してやった。

結局、聴きにいったようだが、それからが大変だった。翌日の昼休みの教室で、聴いたばかりのチョンガリを級友に聞かせる。しかし、これがなんともうまいんだな。ふだんのようにドモることなく立て板に水、声のしぶさから物語り方まで本職顔負けです。この記憶力の底知れなさにも思わず舌を巻いた。チョンガリに関しては、それから数日間、続編に次ぐ続編の〝口演〟で、クラスの者はわからんながらも弁当食べつつ聴いていた」

「悪ふざけということを絶対にしない、じつに人の情に通じた子でもあった。ある日、私が『実家へキノコを送りたいので、すまんが裏山で皆で取ってきてくれんか』とクラスの者に頼んだことがある。級長だった田中は、『先生は親孝行だ。よしッ、皆で頑張って沢山取ろう』と率先、クラスの者を促してくれた。結局、カゴに3杯分も取ってくれた。で、私は『こんなにいらん。皆で分けるように』と言ったんだが、田中にこう叱られてしまった。『先生、何を言っているッ。近所、隣に分けてやれば皆が喜ぶじゃないか』とね」

「私がちょうど宿直で学校に泊まり込んでいた時、なぜか田中が『泊めてくれ』とやってきた。ところが、朝になると寝小便をやっていた。田中は泣きそうな顔をしているので『水でもこぼしたことにするから帰れ』と言ってやったら、『ほんとに大丈夫かねェ、大丈夫かねェ』と言いつつ、ようやく帰って行った。意外に見えるが、神経は極めて繊細、心配性のところがあった」

「代議士に初当選した時、こんな意味シンの手紙をくれた。『今日からは金井先生は先生の先生である』と。単に子供相手の学校の先生だけでなく、代議士先生の先生でもあるとね。まあ、今後とも鞭撻をよろしくという意味でしょうが。

それから25年、田中は私に大きなプレゼントをくれた。それまでは政府は口は出しても教師の待遇改善にはなかなか踏み切らなかったが、田中は総理在任中の昭和49年2月に、教師の給料が安すぎるから教育に人材が集まらないとして、人材確保法を制定してくれたんです。これにより、義務教育にたずさわる教職員の給与が大幅に引き上げられることになった。教師の社会的地位がアップし、少しでも魅力的な職業になったのは私は田中の大きな功績だと思っている」

その金井先生は、数年前に逝去されている。黄泉の国で、田中との再会を楽しんでいるはずである。

■「小説家になりてェ」

文学全集は15、16歳ですべて読破

角栄少年は、じつは〝文学少年〟であった。初めから政治家を志したのではなく、小説家か軍人のどちらかになろうかの選択に迷った。そのうえで、無数の読書好きで、すでに15、16歳で明治・大正文学全集、世界文学全集はすべて読破してしまったことを告白している。「若い頃の安い給料から生活費を差し引くと、あとは全部、本代に消えた」とも自ら語っている。

また、昭和10年頃には『日の出』という雑誌の懸賞小説に「三十年一日の如」なる題名の小説を投稿、選外佳作に入選して賞金5円を手にしたこともある。カレーライス10銭、カツライス15銭の時代だから、5円はいまの5万円ほどである。

その田中はやがて政界入り、近い将来の総理大臣間違いなしの「日の出の幹事長」と言われた頃、日本経済新聞に『私の履歴書』を連載した。通例、この手の文章は自

らしゃべり、ゴーストライター（代筆者）が文章にまとめるという方法を取ることが多いのだが、田中はほとんどすべてを自ら書き下ろした。

ここでも、何年何月何日、どのくらいの金額だったかなどの数字はいちいち確認作業などはやっておらず、記憶力だけで書いたというから驚きだ。何年前の何月何日、幼少の頃の記憶が正確に蘇ってくるのであった。

この『私の履歴書』は、ふとこの連載を目にした文芸評論家の泰斗、小林秀雄に「この文章は達意平明。また内容は読む者の胸を打つ」と絶賛され、しばし田中は悦に入っていた。また、これに気をよくしてこの連載を子供向きに書き改め、『わたくしの少年時代』という単行本にもしたのだった。

この『わたくしの少年時代』は、「星のうつくしいその晩、五、六十もある石段のある小高い丘の観音堂の縁側に、かの女と腰をかけるがら、ほろ馬車の歌をうたった」と。なんとも〝ロマン〟に満ち満ちたものだったのだ。

「幹事長として超多忙だったが、この単行本は夜8時、9時に帰宅、毎日2時間は机に向かって2週間で仕上げた。日曜日は睡眠4時間、20時間ぶっ通しで書いたそうだ。大蔵大臣になっても、なお小説家に憧れていた。『小説家になりてェ』と言っていたのを聞いたことがある」（元政治部記者）といった証言も残っている。

「情に脆いのが、政治的には唯一の弱点だった」とされる田中のこうしたバックグラウンドは、すでに〝ロマン〟を求めていた少年時代にあったということになりそうである。

「数字をいじっていると風邪も治る」

合理主義精神

「父はドイツ人の合理性、勤勉性が好きのようだ」と言ったのは、長女の真紀子（元外相）だった。田中角栄がまだ健在の頃だった。小説家志望、〝ロマン派〟の一方で、それとは真逆の合理主義精神が田中のもう1つの顔といってよかったのである。

田中自身はこの合理主義精神について、次のように言っていた。

「数学をいじっている時はたのしい。絶えず計算をしていると、風邪も治ってしまうくらいだ。数字は、すぐ頭に入る。この数字好きは子どもの頃からで、数学（算数）が一番好きだった。数字は時に割り切れないものもあるが、答えはちゃんと出る」

先にも触れたが超記憶力で鳴る田中は、例えば次のような立て板に水で数字を〝噴射〟するのが常だった。

「まあ〝数字の田中〟が言わんと悪いから……（笑）。ソ連は年間国防費が36兆8千250

億円、アメリカは35兆5千100億円、中国14兆1千600億円、西ドイツ6兆1千億円、フランス5兆円。対して、日本は2兆2千300億円だ。GNP対比0・91％というのは、世界中にないわけですナ。中国9％、フランス3・9％ですからね」（『読売新聞』昭和56年6月21日朝刊「元総理が語る」）

そのうえで、次のようにも言っている。

「法律というのも、数字に非常に似ている。論理的に完璧、曖昧さがない。法律書は片っぱしから音読して頭に入れた。ドモリ（吃音症）を治すのにも大いに役立った」

これが田中が「法律運用の達人」と言われた背景だが、特徴的なのはこうした数字も法律も、徹底した暗記によって身についたものだったという点だ。

田中の秘書だった早坂茂三が言っていたものだ。

「オヤジは必要なメモを渡すと、2、3分じっと見ていて、それから声に出して読む。数字の羅列も、それで完璧に頭に入ってしまうんだ。要するに、徹底した暗記主義。若い頃は辞書の〝広辞林〟を1ページ破っては常にポケットに入れておいて暗記、全部、覚えたとなるとそれを捨て、次のページを破ってまた暗記したというね。

英語辞書の〝コンサイス〟も同様、1ページずつ破っては暗記、暗記したら捨ててまた1ページ破る、というのを繰り返したという。子どもの頃の長女の真紀子さんにも、厳しく〝暗記教育〟をしたと言っていた。それにしても、オヤジさんは勉強家だった。六法全書も、暗記で頭に叩き込んだ。夜中だろうが、自分が分からないことや納得できないことがあると、ただちに布団から飛び出して何やら資料を取り出しては調べ出すんだ」

これが、田中の「法律運用の達人」と言われた背景であった。

ちなみに、かの作家・三島由紀夫も小説として大ロマンをうたい上げる一方で、とりわけ刑事訴訟法の論理性を高く評価していた。田中も三島も、完璧な合理主義者としての共通項があったということである。

■ああ上野駅

人心収攬の極致——渡部恒三の場合

当時、中選挙区制だった昭和44年12月の総選挙は、のちに政界の第一線で活躍する人物を多く輩出したことで知られている。自民党からは現民主党の小沢一郎元代表、同じく羽田孜元首相、あるいはスゴ腕を謳われた梶山静六元幹事長も。また、無所属からはのちに首相になる森喜朗らの済々が初当選を飾ったのだった。

この時、自民党の選挙の指揮を執ったのが田中角栄幹事長だった。自民党は288議席を獲得して圧勝したが、その一方で田中はこれが人心収攬術の極致と言うべき「芸」を見せつけた。選挙区の事情で自民党の公認を得られず、やむなく無所属で出馬、当選を果たした12人を「追加公認」という奇手で自民党議員として迎え、300議席という〝歴史的勝利〟としてしまったのだった。その無所属当選の1人に、渡部恒三元衆議院副議長（現・民主党最高顧問）がいた。

早稲田大学雄弁会出身の渡部は、青雲の志に燃えて福島2区から初出馬した。自民党公認を要請したが田中幹事長はすでにこの選挙で1人の公認を決めており、選挙プロの田中は自民党からの2人当選は無理との判断を下して、やむなく渡部の公認を見送ったのだった。しかし、渡部は孤軍奮闘、定数5の最後の1議席にすべり込んでみせた。

それから間もなく上京、東北本線に乗って上野駅に着いたところで渡部はビックリするのである。ホームに時の官房副長官だったのちの首相の竹下登、その兄貴分でもあったのちに自民党副総裁になる副幹事長の金丸信の2人の田中派有望株が出迎えていてくれるではないか。

筆者は渡部と取材などで40年以上の付き合いをさせて頂いているが、この間、「追加公認」の顛末を次のように語っていたものだ。

「竹下さんは雄弁会の先輩、金丸さんともどもこの選挙では陰になり日向になりで助けてもらってはいた。しかし、上京の日時などはもとより伝えてないし、ホームに降りてまずこりゃなんだと驚いた。ワケが分からなかったが、一応、礼を言ったら、竹下さんいわく『田中幹事長が党本部で待っているから、このまますぐ一緒に行ってくれ』と。ウムを言わせず、党本部の幹事長室に連れて行かれたんだ。

そこで田中さん、『ヤア、ヤア、おめでとう』と言いつつ、ナント破顔一笑でオレに公認証書を差し出すんだ。しかし、自民党公認を受けられずヒヤヒヤで当選したばかりだし、若かったこともあり、『幹事長、こうしてくれるのが選挙前だったらどんなに嬉しかったか分かりませんが、選挙が終わってしまったら紙切れ同然です』と言って、その場でビリビリ破いてしまった。

この時の田中さん、まったく動ぜずで、こう言った。『君の気持ちは分かる。しかし、こんなこと（公認証書を破いたこと）をするのは親の心、子知らずというものだ。オレが読んだ選挙区情勢では、自民党公認なら君は落選だったんだ。公明党も民社党も立候補者がいなかった。無所属だからこそ、これら両党の票がだいぶ入って当選できたということだ。その辺が分からんようでは、とても一人前の政治家にはなれんぞ』と。

よくよく考えてみればその通りで、オレもさすがに黙って頭を下げるしかなかったナ。改めて、渡部恒三と書いてくれた公認証書を受け取るハメになってしまったということだ。

それにしても、オレが上京する日時を調べ上げ、竹下さん、金丸さんを迎えにやらすなんてとてもふつうの発想じゃできない。田中さんの政治家としての大胆と細心、誠心誠意が見え隠れしたね。結局、この日を境にオレはオヤジの家来になってしまったということだった。まさに、ああ上野駅だった。と同時に、田中さん自身は300議席で幹事長としての基盤を盤石にしてしまったのだから、なんとも凄いとしか言えない。政治家かくあるべしを初めて知ったオレには、忘れられない日になったということだ」

■「オレから出ていることを絶対に言うな」

「心が通っていた」田中のカネの使い方

金権政治家と批判された田中角栄ではあったが、一方で田中の使うカネは常に心が通っていたとよく言われていた。

かつて田中のもとで長く秘書を務め、のちに政治評論家に転じた早坂茂三に、筆者は「田中とカネ」について次のような話を聞いたことがある。

「僕も選挙の時など、ずいぶん田中の名代として候補の〝陣中見舞い〟に全国を歩いた。そうした中で、オヤジ（田中）さんに『これだけは絶対守れ』と言われたことがある。『くれてやるという姿勢だけは、間違っても見せるな。カネは受け取る側がじつは一番つらい、切ないのだ。相手のメンツを重んじられなくてどうする。むしろ、こちらが土下座するくらいの気持ちでもらって頂くということだ。こうしたカネなら生きたカネになる』と。これは、オヤジさんの人生観そのものだ。人間心理を、すべて読み切っていたということだ。だから、あとでこんな声が届く。『角さんからのカネは心の負担にならないからいいんだ』とね（笑）」

　こんな話がある。昭和55年6月の総選挙は中選挙区制度のもとで行われたが、新潟3区で長く田中と保守と革新に分かれて覇を競ってきた社会党の大物、三宅正一代議士が落選した。これを機に、三宅は政界引退をよぎなくされた。

　若き日の三宅は、小作人の地主からの解放を目指した戦後の農地改革の主役を務めた「日農」（日本農民組合）を指導した熱血漢だった。一方の田中も、昭和22年4月の総選挙で初当選を飾り、新潟の豪雪苦、開発の遅れからの脱却に熱い血をたぎらせていた。選挙ではしばし敵対した2人だったが、同じ郷土の〝戦友〟としてどこか心を許し合い、互いに畏敬の部分も持ち合わせていたのだった。

　田中の新潟3区の後援母体「越山会」の元最高幹部が、こんな証言を残している。

「初出馬の田中は、先輩の三宅からこの地で選挙を勝ち上がるためには何が必要かの教えを受けている。三宅いわく、『陽の当たらない辺境の地、農村部にまず入ることだ。そして、直接、住民の肌に触れてみたらいい。ただし、これは気取りのある者にはできない。君、それがやれるか』と。田中はそんな三宅の言葉を愚直に実践、そうした農村部の支持を得て当選を果たした。

その三宅が落選した。田中はどうしたか。三宅には議員としての年金が出るが、田中は、それだけでは厳しいだろうと生活の心配までしていた。じつはポケットマネーから、月々20万円をその後、亡くなるまでに2年間に渡って送り続けていたんです。三宅本人は、亡くなるまでその事実は知らなかった。三宅に近い人が受け取り、三宅の生活の足しにしていた。田中はこの件に関し、『オレから出ていることを絶対に本人に言ってはならん』と厳命していた。田中は恬淡として、それをやっていたんです」

三宅に対するこうした田中の行為は、やがて社会党支援者の知るところとなる。田中の政治的目線に社会党のそれが近かった部分も手伝い、以後の選挙では社会党支持者の票が相当に田中に流れた。田中がロッキード裁判一審有罪判決を受けた後の最も苦しい昭和58年12月の総選挙で22万票というオバケ票を獲得できたのも、じつはこうした田中の「泣かせる話」が伝播、少なからずの〝貢献〟があったといってよかったのだった。

「うちわでアソコをあおいでおった」

小菅の独房生活余聞

昭和51年7月27日午前10時20分、田中角栄はロッキード事件の外為法違反での逮捕により東京・小菅の拘置所に入った。この夏はとりわけ暑く、時に58歳、ふだんでも扇子をバタバタさせていた暑がり屋の田中には、ひとしきりこたえた保釈までの21日間の拘置所生活だったようだ。

独房の広さは約3畳、壁には鉄格子のはめ込んである小さな窓が1つだけ。扇子の持ち込みは認められず、夏場はうちわが備えられている。

「起床は午前7時なのだが、田中は緊張のためか、あるいはふだんでも早起きだったことからか、5時過ぎには目を覚ましていたそうだ。また田中の場合、検事が拘置所に出向いて1日中の取り調べだったが、独房から取り調べ室へ行く時はさすがに拘置所側も〝元総理〟に気を遣い、看守がほかの房の収監者から見えないように横一列に

並んで壁になったそうです」（司法記者）

さて、田中が保釈されると、出所を待ちこがれていた新潟の10万人を越す強大無比の後援会「越山会」の会員、とりわけ田中信者は競うように目白の田中邸にやってきた。

長岡市越山会の幹部は、興奮気味にこう話してくれたのだった。

「先生は、こう言われたナ。『ありゃあ、まるでサウナ風呂だ。しかし、禁酒、麦飯のうえ、毎日、房内でヨガ体操をやっておったから、コレステロールが取れて腹も締まった。それにしても、あの暑さには軍隊で鍛えたこのオレもさすがに参った。フンドシは1日何回も取り替えた。変えるたびに、うちわでアソコをあおいでおった』と。ムレて、かなわんちゅうこっちゃ。

また、ある日の取り調べは、先生の『お前、クニはどこだ。ウーン、北海道か。分かることは何でも答える。何でも聞け』といった感じで始まったそうだ。なんでも、大ざっぱに5項目、細かく65項目の尋問だったそうで、改めて先生の記憶力はスゴイな。

『検事は見当違いのことばかり聞いておった。調書にもむろん〝やった〟とは書いてない。国民の代表である総理が一企業のために力を貸すなんてバカなことをやるか。オレは調書を読み直してハンコをついている。絶対に潔白であるッ』と、意気じつに軒高だったですけ」

■「浅間山のドテッ腹にトンネルを掘れ」

新エネルギー確保への発想

「とくに若い官僚が目白へ行きたがる理由に、田中さんの発想がユニークで役立つということがあった。官僚は六法全書そのものだが、法律をどう運用すべきかなどの発想には乏しい。しかし、田中さんは例えば、『日本にはゴルフ場が多すぎる』という声が出れば、『バカなことを言うな。山を削ってゴルフ場にしておけば、万が一、国家に一大事が起こってもゴルフ場をすぐ畑にできる。山のままでイモを植えることができるか。決してムダではない』とくる。

あるいは、浅間山の頂上から煙がのぼっているのを見ると、『あの山のドテッ腹にトンネルを掘れば、必ず熱いところにブチあたる。その地熱を利用すれば、かなりのエネルギーが確保できる』という発想になる。とくに、エネルギー資源の乏しいわが国の先行きを一貫して心配していたのが印象的だった」

防衛庁長官などを歴任した愛知和男・元自民党代議士の証言だ。

田中角栄のわが国のエネルギー政策への先見性は、他の政治家と比べて際立っていた。首相時代にはそれまでほぼ米国一辺倒だった石油と濃縮ウランの供給を、勇気をもって広く他国に求めた。石油は西欧や当時のソ連、濃縮ウランはフランスからの輸入を模索したのだった。田中が首相当時のわが国の原発は5基（注・現在54基）で、田中の計算ではその10年後すなわち昭和50年代の後半には25基くらいの原発がなければ国内の電力需要を賄えないとしていた。要するに、米国だけに頼らぬ独自の資源外交を展開したということだった。

しかし、結果的にはこの「先見性」が裏目に出た格好になった。のちに田中のあと押しを受けて首相になった中曽根康弘は、自らの著書で「田中君は石油取得外交をやったから、米国の逆鱗に触れたのではないか。ロッキード事件は、そういうことも間接的に影響していると思う」と記している。また、中曽根に拘らず、その後「結局〝虎の尾〟を踏んだことが政権の失脚につながった」との報道、識者の見方も少なくなかったのである。

それはともかく、先の証言の「浅間山のドテッ腹にトンネル」田中の新エネルギーとしての地熱についてである。

わが国の全国各地の温泉の多さは知られているが、地熱資源としてのエネルギー総量は、計算すると原発20基分以上との分析もある。米国、インドネシアに次いで、世界第3位のエネルギー総量である。

この地熱について、人気ジャーナリストの池上彰も週刊誌上でおおむね次のように語っている。

「(地熱は) Co^2 の排出も少なく、気象条件にも左右されない。いったん掘り出した地下水を再び地下に戻せば、資源として枯渇する心配もない。ただ、地熱エネルギーの大半は国立公園の中にあるため、すぐ地熱発電所を造るのは難しい。国立公園法の規制が厳しいことによる。ために、例えば秋田県では国立公園の指定地域の外側からナナメに掘って地熱を取り出すという計画も始まっている」(『アサヒ芸能』平成23年8月18・25号)

法律運用の達人だった田中が健在なら、国立公園法による規制の緩和などは朝メシ前だっただろう。今、原発を止めたら発電の代替をどうするのかの議論がかまびすしい。田中がいたら、原発での発電量を地熱でカバーということが現実味を帯びていたかも知れないということである。改めて、余人を寄せつけぬ田中の「発想力」を知るということでもある。

■美空ひばり、「越山会」で熱唱す

ノーギャラ出演の異例

田中角栄が新潟で圧倒的な支持基盤、すなわち強大無比の最盛期10万人を越えた後援会「越山会」を維持できたカゲに、「国家老」と呼ばれた本間幸一秘書の存在があった。当時の中選挙区・新潟3区内に張り巡らせた「越山会」の動静は遂一この本間にチェックされ、選挙となるとこの組織がフル回転してキッチリと田中に票を出すのだった。

また一方で、本間はなかなかのアイデアマンで、こうした「越山会」の会員を新潟から定期的に東京・目白の田中邸に送り込むなど、「目白ツアー」の考案者でもあった。

これは昭和27年頃から始まり、当時のことゆえ会員の参加者一同は新潟から夜行列車で上京、翌早朝、東京温泉でまずひと風呂、それからはバスを連らねて目白に行き田中と面会をする。そのあとは皇居、国会、国立劇場や浅草の国際劇場で観劇、観賞、夜は宿泊先のホテルでの宴会に田中がやって来て、ナニワ節「天保水滸伝」の一節をウナってこれサービスにつとめるというものである。

これにより、田中と「越山会」会員の〝密度〟はさらに深まり、ついには両者の間は「一体感」まで高まってしまうのだった。一度、「一体感」が構築された政治家と支持者の間は、なにがあっても揺らぐものではなく、田中がロッキード裁判で一審有罪判決を受けた直後の一番苦しい選挙でじつに22万票というオバケ票が出たのも、こうしたことが背景の1つになっている。

さて、その本間が新潟県長岡市の厚生会館で「越山会」会員のためにと「美空ひばりショー」を開催してみせたのは、昭和43年12月11、12日の2日間であった。時に、田中は飛ぶ鳥を落とす勢いの自民党幹事長であった。

「女王・ひばり」が2日間、3回公演を同じ会場で行ったのは、当時としては極めて異例、この出来事には「越山会」会員以外の長岡市民の多くも、「さすがは田中先生」と目をむいたのであった。

本間は後日、筆者にこう述懐してくれた。

「田中とひばりさんは、田中が昭和40年6月に初めて幹事長になった頃から、テレビなどでご一緒することがあった。性格もウマが合うようだったので、思い切って後援会のために出演をお願いしたわけです。

さて、ギャラの問題があった。2日間、3回公演となれば、ひばりさんのこと、ここは当然数百万円は覚悟のところです。ところが、当時まだお元気だったひばりさんのお母さんが、キッパリとおっしゃられた。『一銭もいりません。ただし、弟に30万か50万もやって下さい。お小遣いを使う子ですから』と。結局、ひばりさん自身はノーギャラで出て下さった」

ここでの弟とは歌手の香山武彦、それにしても昭和43年頃の50万円は現在なら4、500万円に相当する。剛毅なものである。

それはさておき、結局、ひばりはこの弟のほか、漫才の青空星夫・月夫、三波伸介の「てんぷくトリオ」、演奏の原信夫とシャープス&フラッツを引き連れ、自らも大いに歌いまくったのだった。

「お祭りマンボ」「関東春雨傘」「大川流し」「べらんめえ芸者」「車屋さん」「ひばりの佐渡情話」「ひばり音頭」「斎太郎節」「久保田節」「佐渡おけさ」「相馬盆唄」「悲しき口笛」「越後獅子の唄」「港町十三番地」「花笠道中」「あの丘越えて」「悲しい酒」「思い出ひとりぽっち」「芸道一代」「真赤な太陽」「柔」「すこしの間サヨウナラ」の全22曲を熱唱した。

それから1年後の、自らが幹事長として指揮した昭和44年12月の総選挙で、田中自らは13万3千票というそれまで取ったことのなかった票を得た。「ひばり効果」は絶大だったことになる。また、自民党は「追加公認」を入れて３００議席の大台を獲得、田中の「総理・総裁レース」への勢いにさらに弾みがついたということだった。

参考資料文献

『政治家田中角栄』（早坂茂三・中央公論社）、『早坂茂三の「田中角栄」回想録』（早坂茂三・小学館）、『オヤジとわたし』（早坂茂三・集英社）、『私の田中角栄日記』（佐藤昭子・新潮社）、『情と理』上・下（後藤田正晴・講談社）、『後藤田正晴』（保阪正康・文藝春秋）、『田中角栄、ロンググッドバイ』（五十嵐暁郎／新潟日報報道部・潮出版社）、『私の中の田中角榮』（田中角栄記念館編・海竜社）、『田中政権・八八六日』（中野士朗・行政問題研究所）、『父と娘』（上之郷利昭・講談社）、『竹下登・全人像』（小林静雄&花岡信昭・行研出版局）、『政治とは何か――竹下登回顧録』（竹下登・講談社）、『田中角栄に聞け』（塚本三郎・PHP研究所）、『是清翁遺訓』（高橋是清・三笠書房）、『マキアヴェッリ語録』（塩野七生・新潮社）、『人間学』（伊藤肇・PHP文庫）、『堤義明の社員教育』（小池亮一・プレジデント社）、『新潮45』（平成22年7月号）、『朝日ジャーナル』（昭和57年2月12日号～2月26日号）、『週刊大衆』（昭和40年8月26日号）

他に、朝日・読売・毎日・産経・新潟日報の各紙を参考にさせていただいた。

本書は2006年1月、講談社より『田中角栄処世の奥義』として刊行されたものを
当社の新書収録にあたり改題、加筆したものである。

田中角栄流「生き抜くための智恵」全伝授

著　者　小 林 吉 弥
発行者　真 船 美 保 子
発行所　ＫＫロングセラーズ
〒169-0075　東京都新宿区高田馬場2-1-2
電　話　03-3204-5161(代)
http://www.kklong.co.jp

印刷　暁印刷　　製本　難波製本

ISBN978-4-8454-0894-8

Printed in Japan 2012